일 러 스 트 로 보 는

대한제국의 군복

The Military Uniforms of Korean Empire

일러스트로 보는 대한제국의 군복

2024년 5월 15일 초판 1쇄 발행

저자   초초혼(윤형찬)
이메일   chochohon@naver.com
블로그   blog.naver.com/chochohon
텀블벅   tumblbug.com/uniformkorea
엑스   twitter.com/chochohon

편집   이열치매
디자인   김예은
마케팅   이수빈
발행인   원종우
발행처   ㈜블루픽
주소   (13814)경기도 과천시 뒷골로 26, 2층
전화   02-6447-9000
팩스   02-6447-9009
이메일   edit@bluepic.kr
웹   bluepic.kr

ISBN   979-11-6769-305-1 04910
정가   23,000원

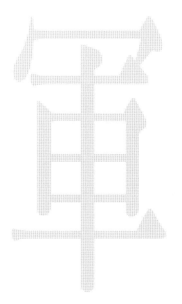

일러스트로보는

대한제국의 군복

초초홍 지음

1895

1910

길찾기

목차 目次

작가의 말

구한말은 기존의 전통 복식 체계에 서구식 복식 체계가 융합하면서 새로운 문화가 창조된 매력적인 시대입니다. 대한제국의 군복은 제국주의 시기 서양 열강의 군복 제식을 따라가고 있으면서도 그 안에서 독자적 표장을 사용하려 노력한 점이 돋보입니다. 제복의 디자인이 변해가는 과정을 통해 대략적인 역사의 흐름을 알 수 있습니다. 단순한 형태의 군복을 착용하던 초창기부터, 복장 규칙과 제복의 디자인이 다양해지고 다각화되다가, 이후 점점 일본의 영향을 받으며 독자성이 사라지는 과정들을 통해 간접적으로나마 그 역사의 흘러온 길을 돌이켜 볼 수 있습니다.

책의 내용을 충실히 하기 위해 많은 노력을 기울였지만, 저 스스로의 한계를 체감하였고 복식에 대한 자료가 그렇게 풍부하지 않으며 전문적 학술서적보다는 일반인들을 위한 개설서를 구상하였기 때문에 책의 내용을 완벽하다고 할 수는 없으니 이런 점을 감안해 주시면 감사하겠습니다. 최대한 당시 기록에 따르고 유물이 없는 경우 남아 있는 사진을 토대로 하였으며 도량형은 척관법과 함께 SI 단위를 환산하여 표기하였습니다. 또한 매트페인팅 소재 제작을 위해 기꺼이 재료 사진 사용을 허락해주신 중국 소재 복식제작업체 止水工坊 님, 당시 복식 관련 자료를 제공해 주신 오로라 작가님, 복식의 실물 사진 자료 등을 제공해 주신 박종래 선생님, 일부 복식에 대한 감수를 도와주신 백권도 선생님께 감사를 표합니다. 이분들의 도움이 없었다면 책으로 묶기까지 많은 어려움이 있었을 것입니다. 자료를 모으고, 해석하고, 그림으로 그리고, 원고로 탄생시키기까지 많은 시간이 걸렸습니다. 향후 대한제국 시기에 대한 더 많은 자료가 나오길 기대하면서, 아무쪼록 이 책의 내용이 제복을 소재로 한 새로운 창작의 마중물이 되기를 기원합니다.

초초혼 올림.

1895

제1장

18 95

육군복장규칙의 제정과
최초의 서구식 군복

1895년 새로운 군제에 따라 신식 군대가 편성되고 서양식 군복의 필요성을 절감하게 됨에 따라, 동년 4월 9일 서구 형태의 군복 규정인 「육군복장규칙」이 반포되었다. 처음에는 훈련대 소속 보병 장교들만을 대상으로 했고, 동년 5월 25일에는 시위대, 8월 6일에는 9월 15일부터 군부 내 무관 및 상당관도 규정을 따르도록 했다. 8월 16일에는 외국에 유학 중인 한국 군인에게, 9월 6일에는 모든 군인에게 착용토록 했는데, 다만 정위 및 상당관 이하는 부득이한 사정의 경우 평복을 착용할 수 있었다. 규칙을 자세히 살펴보면 차림새를 예장·정장·상장·군장 등 4종으로 구분했는데, 정장·상장·군장은 장교와 하사졸이 모두 착용할 수 있었고 예장은 장교만 착용할 수 있었다. 각 차림새의 착용 상황과 복식에 대한 규정을 정리하면 아래와 같다.

구분	정장 Ceremonial Dress	예장 Full Dress	상장 Service Dress	군장 Combat Dress
착용 상황	• 성절[1] • 각전탄일[2] • 설날 아침 및 동짓날 • 문안 및 진하할 시 • 종묘, 사직 및 산릉에 행행[3]할 시	• 궁궐 안에서 배식[4]할 시 • 예를 갖춰 상관을 대견할 시 • 야회 및 기타 공식연회에 임할 시 • 친척의 하의제사[5] 및 장사를 치를 시	공사 막론 항상 착용	• 전시 출전 시 • 비상 출병 시 • 군대에서의 모든 근무 시 • 위수 근무 시 • 주번 근무 시 • 중대 이상 연습 시
착용 복식	모, 입전모, 상의, 바지, 견장, 식대, 도(검), 정서, 백색 가죽장갑, 하금, 신발	모, 상의, 바지,도(검), 정서, 백색 가죽장갑, 하금, 신발	규정 없음	모, 상의, 바지, 도(검), 도서, 가죽장갑, 하금, 권총, 혁대, 신발 등

군장의 경우, 포병장교 외에는 안경을 착용할 수 있게 하였고, 승마하지 않는 위관은 주번이나 위수 순찰 시를 제외하고 필히 배낭을 착용하도록 했다. 배낭에는 외투를 말아서 부착하게 하였고, 배낭을 메지 않을 경우 외투를 말아서 어깨에 두르도록 했다. 하복은 염서제 기간(5월 1일~8월 31일)에 상장과 군장 차림에만 착용하도록 했으며, 하복 바지는 어떠한 복장에도 대용이 가능하게 하고 모자에 일복日覆[6]을 착용하게 했는데, 다만 의식 시에는 착용하지 않도록 했다.

---

1 성인聖人이나 임금의 생일을 경축하는 명절
2 왕과 왕비의 생일
3 임금이 대궐 밖으로 거둥함
4 지위가 높은 사람을 모시고 한자리에서 같이 식사를 함
5 축하하여 예를 차리거나 제사 지낼 일
6 모자에 씌우는 흰색 천

육군 보병 정위의 정장 차림
Infantry Captain in Ceremonial Dress Uniform

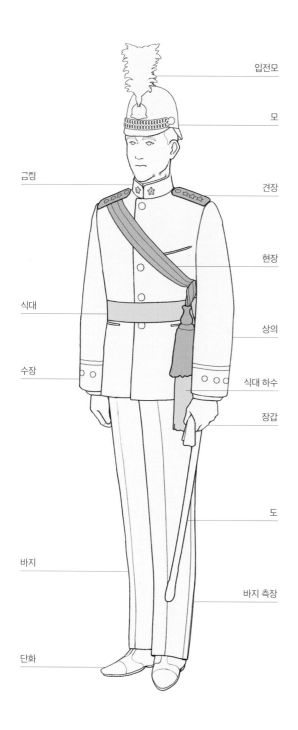

입전모

모

견장

현장

상의

식대 하수

장갑

도

바지 측장

금팅

식대

수장

바지

단화

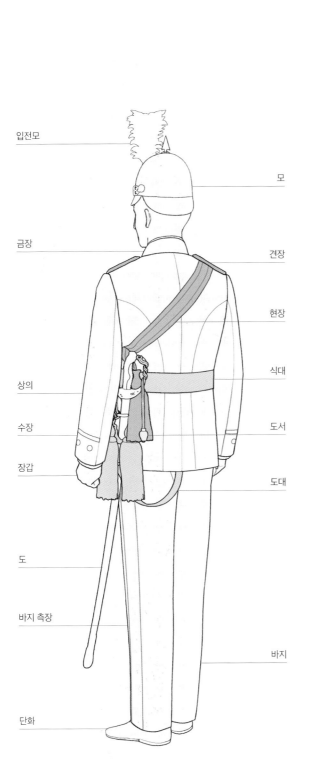

입전모

금장

상의

수장

장갑

도

바지 측장

단화

모

견장

현장

식대

도서

도대

바지

육군 2등군의장의 예장 차림
Army Surgeon(Lieutenant Colonel) in Full Dress Uniform

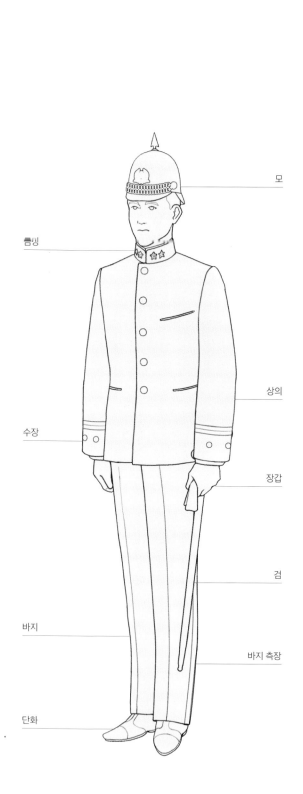

모

금장

상의

수장

장갑

검

바지

바지 측장

단화

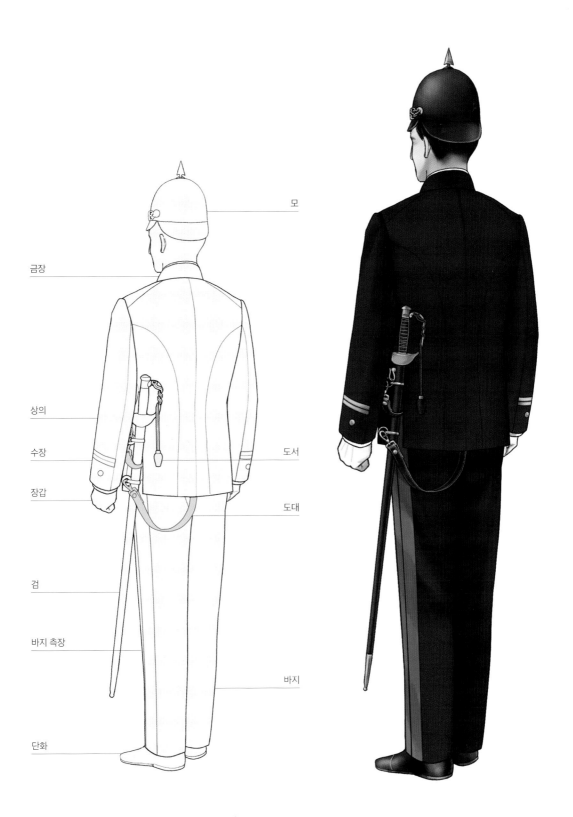

모

금장

상의

수장

도서

장갑

도대

검

바지 측장

바지

단화

육군 보병 부위의 군장 차림
Infantry 2nd Lieutenant in Combat Dress Uniform

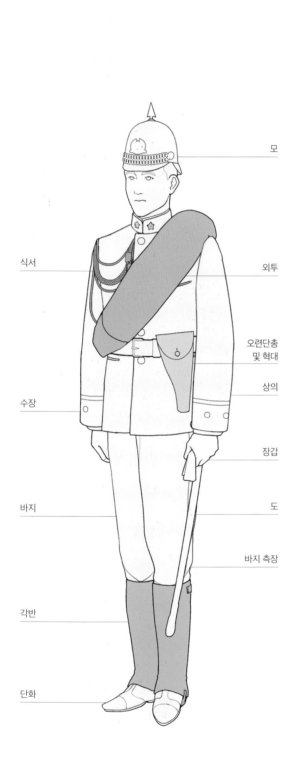

모

식서

외투

오련단총
및 혁대

상의

수장

장갑

바지

도

바지 측장

각반

단화

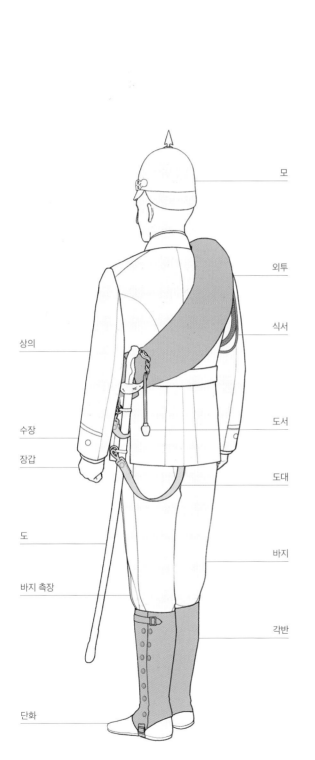

모

외투

식서

상의

도서

수장

도대

장갑

도

바지

바지 측장

각반

단화

위관급 장교의 외투 차림
Company Officer in Greatcoat

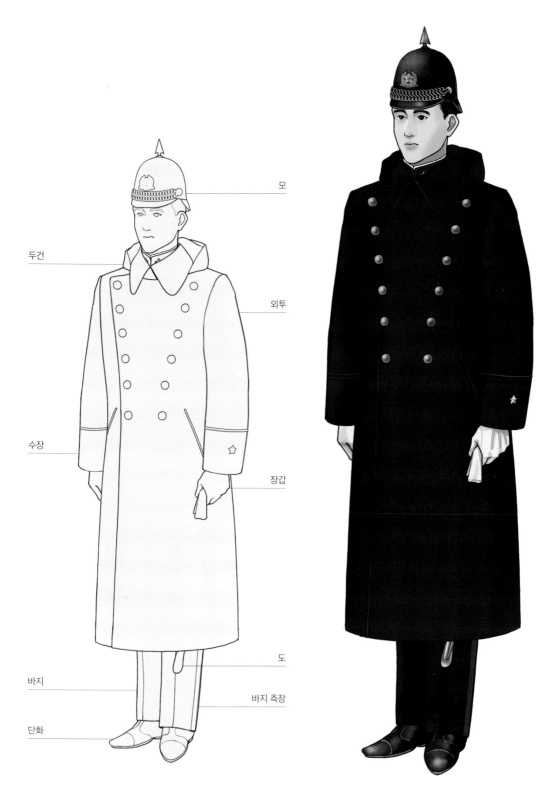

모

두건

외투

수장

장갑

도

바지

바지 측장

단화

군장 차림의 일등병
1st Private in Combat Dress Uniform

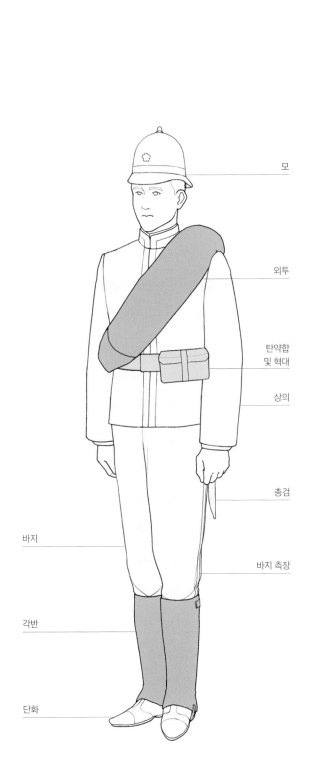

모

외투

탄약합
및 혁대

상의

바지

총검

바지 측장

각반

단화

1895년 제식 장교 모자
Model 1895 Helmet
for Officers

1895년 장교 모표
Cap Badge for Officers

1895년 제식 장교 모자 사슬
Chin Chain

1896년경 기록·사진상의 장교 모자
Helmet for Officers Circa 1896

윤웅렬 군모

하사졸 모자
Helmet for NCOs & Privates

모자 측면도
Side-view

참위 2nd Lieutenant	부위 1st Lieutenant	정위 Captain
참령 Major Colonel	부령 Lieutenant Colonel	정령 Colonel
참장 Major General	부장 Lieutenant General	대장 General

「육군복장규칙」에 따르면 모자의 전체적인 형태는 정수리 부분이 둥근 투구 형태였고 재질은 검은색 융으로, 당시 서구권에서 사용된 피스 헬멧Pith Helmet과 그 형태와 재질이 비슷했다.

장식에 대해 살펴보면, 정수리 부분에 화살촉 모양의 금색 장식이 달렸고 모자의 앞면 중앙에 모표로 은색의 이화장李花章을 부착했다. 앞면에 금색 쇠사슬과 검은색 가죽제 턱끈을 달았으며 모자의 앞면과 뒷면 하단에 가죽 차양을 붙였는데 뒷면은 앞면보다 작았다. 이때 장관과 영관급의 모자에는 특별히 이화장 위에 은색 별을 하나씩 달게 했다.

다만 사진에서 규정과 다른 형태의 모자도 발견된다. 1896년 한국군을 훈련하기 위해 파견된 주한 러시아 군사교관단 기록에 모자에 대한 상세한 기록이 남아 있는데, 1895년 규정과 여러 차이점을 보인다. 기록과 사진에 따르면 정수리에 금색 칠을 한 정교한 금속 쇄를 달고 모표로 금색 이화장이 사용되었으며 그 위에 별장식을 장관급은 3개, 영관급은 2개, 위관급은 1개를 달았다. 모자 테두리에 2인치 넓이의 붉은색 횡장을 붙이고 천 안에 흑색 꼬임줄을 참위 1줄부터 대장 9줄까지 붙여 계급을 표시했다.

병사의 모자에 대한 기록도 남아 있는데, 뻣뻣하게 풀 먹인 검은색 양털로 만들었으며, 영국식 헬멧과 형태가 유사했다. 턱밑으로 턱끈을 둘러 고정하였고, 병사의 경우 모테에 1인치 넓이의 검은색 천을, 부사관은 2인치 넓이의 천을 둘렀다.

모표로는 하얀 금속제 이화장을 달았고 투구 위에는 붉은 양털로 된 구슬 장식을 달았다. 그 외에도 여러 사진 자료에서 다양한 형태의 모자가 확인된다. 무관학교 생도의 모자는 기록에 따르면 하사졸의 모자와 유사한 형태로, 다만 빨간 양털 장식 대신 쇠 구슬 장식을 달았다.

1895년 제식 장교 상의
Model 1895 Tunic for Officers

규정에 따른 장교 상의의 재질은 검은색 라사raxa였다. 세운 깃이었으며, 옷 앞면 중앙부에 무늬가 없는 은제 단추 5개를 한 줄로 단 싱글브레스트Single-breasted 형태였다. 옷 앞면 위, 아래 좌·우측에 각각 덮개 없는 속붙임주머니를 달았고, 금장과 수장, 견장 등을 부착하여 계급과 관등을 구분했다. 뒷면에는 도대걸이를 달고 좌측 아래쪽을 터 칼을 휴대하기 쉽게 했다. 무관학교 생도들의 제복은 농감색으로, 장교 상의와 유사하게 단추로 여민 형태였다.

금장은 옷깃에 다는 장식으로, 의령장이라고도 불렀다. 1895년 제식에서 옷깃의 형태는 세운깃이었는데, 옷깃의 좌·우측에 은색 별 단추를 달아 계급을 표시했다. 관등에 따라 장관급은 은색 별 3개, 영관급은 2개, 위관급은 1개씩을 달았다.

수장이란 소맷부리를 장식하여 관등 등을 표시한 것을 말한다. 1895년의 제식에서는 소매 하단부 바깥쪽에 금색 선으로 장관급은 3조, 영관급은 2조, 위관급은 1조씩 각각 부착하였고, 금색 선 아래쪽에는 은색의 태극무늬 단추를 수평으로 대장, 정령, 정위는 3개, 부장, 부령, 부위는 2개, 참장, 참령, 참위는 1개씩 부착했다. 군의관은 금색 선 대신 은색 선을 사용했다.

견장은 제복의 어깨에 부착하여 계급을 나타내는 수단으로 1895년 시제 당시에는 대·소 견장을 구별하지 않고 한 종류만 착용했다. 형태는 직사각형 모양에 상단을 八자형으로 했

고 금색 실로 짠 편직 바탕 위에 무늬가 없는 은제 단추를 달았다. 장관급의 견장은 2와 1/2인치 너비의 바탕에 1/8인치 너비의 은색 테두리가 있게 하였고 영관은 장관급과 바탕의 너비가 같으나 테두리가 없게 하였다. 위관의 견장은 1과 1/2인치 너비였고, 대장은 은색 별 3개, 부장은 2개, 참장은 1개를 달았으며, 영·위관도 이에 준하여 달았다.

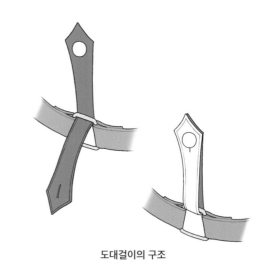

도대걸이의 구조

1895년 제식 금장
Model 1895 Collar Patches

위관급
Company Officer

영관급
Field Officer

장관급
General

1895년 제식 수장
Model 1895 Sleeve Insignia

참위
2nd
Lieutenant

부위
1st
Lieutenant

정위
Captain

참령
Major
Colonel

부령
Lieutenant
Colonel

정령
Colonel

참장
Major
General

부장
Lieutenant
General

대장
General

군의관의 수장
Sleeve Insignia for Surgeon

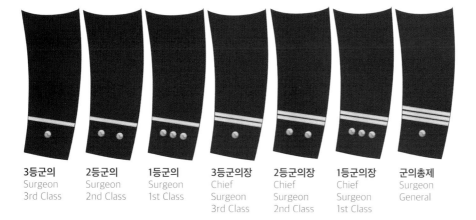

3등군의
Surgeon
3rd Class

2등군의
Surgeon
2nd Class

1등군의
Surgeon
1st Class

3등군의장
Chief
Surgeon
3rd Class

2등군의장
Chief
Surgeon
2nd Class

1등군의장
Chief
Surgeon
1st Class

군의총제
Surgeon
General

1895년 제식 견장
Model 1895 Shoulder Board

참위
2nd
Lieutenant

부위
1st
Lieutenant

정위
Captain

참령
Major
Colonel

부령
Lieutenant
Colonel

정령
Colonel

참장
Major
General

부장
Lieutenant
General

대장
General

1896년경 하사졸 동복 상의
Winter Tunic for NCOs & Privates Circa 1896

1896년경 하사졸 하복 상의
Summer Tunic for NCOs & Privates Circa 1896

하사졸의 복장은 규정이 남아 있지 않다. 다만 관련한 기록과 사진 자료에 따르면 동복은 농감색 천으로, 하복은 흰색 천으로 만들었으며, 세운깃 형태로 가슴 가운데에서 후크를 물려 여미고 소매에는 수장을 둘러 계급을 표시했다.

하사졸의 수장은 소매와 어깨 하단에 아라비아 숫자 대대 부호를 부착했고 소매 하단에는 동복은 붉은색, 하복은 노란색으로 수장을 부착했는데, 부사관은 3/4인치 너비였다. 이등병의 경우 소매 하단을 접어 안감이 드러나도록 했고, 병참관은 청색 천을 사용했다.

1896년경 하사졸 동복 수장
Winter Tunic Sleeve Insignia for NCOs & Privates
Circa 1896

이등병	일등병	상등병	참교	부교	정교
2nd Private	1st Private	Corporal	Sergeant	Staff Sergeant	Sergeant First Class

1896년경 하사졸 동복 수장
Winter Tunic Sleeve Insignia for NCOs & Privates
Circa 1896

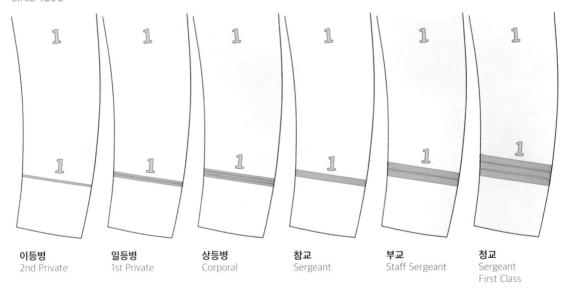

이등병	일등병	상등병	참교	부교	정교
2nd Private	1st Private	Corporal	Sergeant	Staff Sergeant	Sergeant First Class

1895년 제식 바지
Model 1895 Trousers

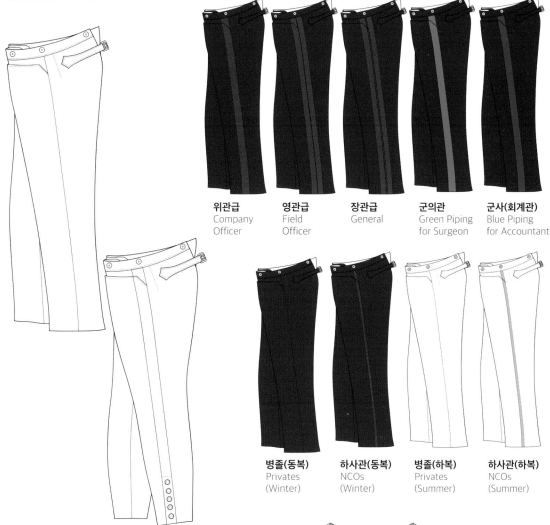

위관급 Company Officer

영관급 Field Officer

장관급 General

군의관 Green Piping for Surgeon

군사(회계관) Blue Piping for Accountant

병졸(동복) Privates (Winter)

하사관(동복) NCOs (Winter)

병졸(하복) Privates (Summer)

하사관(하복) NCOs (Summer)

바지는 일반적인 정장 바지 형태인 장고長袴와 승마용 바지인 단고短袴 두 종류가 있었다. 단고는 복장에 상관없이 장화를 신을 때 착용하고 염서제 기간에는 하복 바지를 단고로 개조해 착용해야 했다. 단 의식 시에는 이를 제외했다.

바지의 제식은 체형에 따라 복부에서 발꿈치까지 닿고 흑색 융질이었다. 좌·우측 상부에 덮개 없는 속붙임주머니를 달고 양측면에 붉은색 융으로 측장을 부착해 관등을 표시하였는데, 장관급이 3줄, 영관급이 2줄, 위관급이 1줄이었다. 군의관과 회계관의 측장은 각각 녹색과 청색 융을 사용하게 했다.

하사졸의 바지는 군복 상의와 동일한 재질로 만들어졌다. 병사는 아무런 측장을 붙이지 않았고, 하사관의 경우 1과 2분의 1인치의 측장을 붙였는데, 수장과 같이 동복은 붉은색, 하복은 노란색으로 했다.

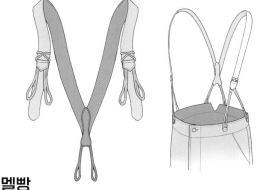

멜빵 Suspender

멜빵은 복식 규정에 따로 설명이 되어있지는 않지만, 당시 서양식 바지를 착용할 때 함께 사용하였다. 바지에 달린 고정용 단추에 연결해 착용했다.

1895년 제식 장교 외투
Model 1895 Greatcoat for Officers

외투는 비와 추위를 막기 위해 착용하며 근무 중 실외에서 착용하도록 했다. 다만 군장·상장 차림 시에는 관병식을 비롯한 각종 의식 시와 상관의 방 안에서를 제외하고 모든 방 안에서 착용할 수 있게 했다.

장교와 하사졸의 외투 제식이 서로 달랐는데, 장교의 것은 흑색 융에 꺾은깃, 흉부 좌우에 은색 무지 단추를 각 6개씩 달았으며, 허리 좌우 쪽에는 속붙임세로주머니를 부착했다. 뒷면의 하반부는 절개했고, 허리 조임 띠를 붙이고 그 위에 단추를 달아 허리 폭을 조정할 수 있게 했다. 그 아래 좌·우측에 장식용 단추를 2개씩 달았으며 좌측에는 칼을 빼기 위한 트임이 있었다. 수장의 경우 위관급은 은색 별 1개, 영관급은 2개, 장관급은 3개를 부착하고 그 위에 적색 선을 부착하였는데, 장관급은 특별히 금색 선 한 줄을 더했다. 외투의 깃에는 방한용 두건을 탈부착할 수 있도록 끈을 달았다.

1895년 제식 장교 외투 수장
Model 1895 Great Coat Sleeve Insignia

위관급
Company
Officer

영관급
Field
Officer

장관급
General

1896년경 하사졸 외투
Greatcoat for NCOs & Privates Circa 1896

하사졸의 외투는 별다른 규정이나 도식을 찾아볼 수 없다. 다만 사진 자료와 기록을 통해 일부나마 그 형태를 유추해 볼 수 있는데, 일본군 외투의 영향을 많이 받은 형태였다. 옷깃에는 방한용 두건을 달았으며 상의와 달리 별다른 대대부호는 부착하지 않았고, 가슴 가운데에서 뼈로 만든 단추로 여몄다. 이후로도 1907년까지 큰 변화없이 유사한 외투를 착용한 것으로 보인다.

1895년 제식 도
Model 1895 Sabre

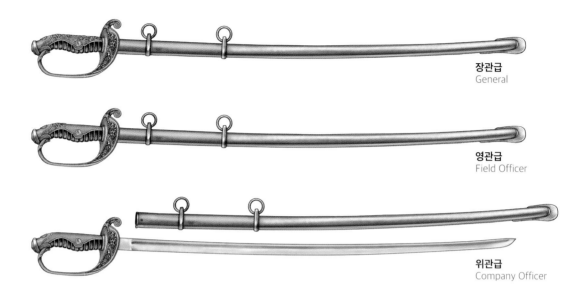

장관급
General

영관급
Field Officer

위관급
Company Officer

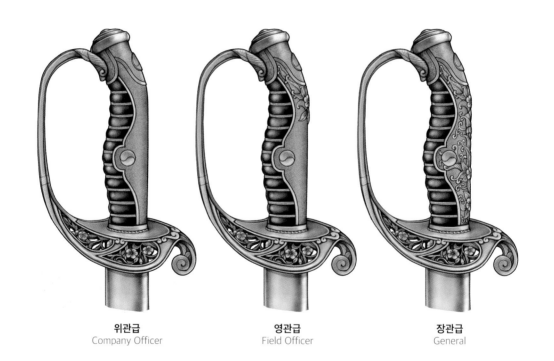

위관급
Company Officer

영관급
Field Officer

장관급
General

도는 전열 장교(전투병과 장교)가 실내외에서 휴대하도록 하였으며, 도대에 고리를 걸되 승마할 때는 걸지 않도록 하였다. 1895년 규정에는 장관급이 칼자루 금속 부위 전체에 오얏잎을 조각하고, 영관급은 상부에만 조각하도록 하였다. 『육군장교복장도례해석』의 도식에 따르면 위관도는 태극을 제외하고 아무 조각이 없게 하였다. 손잡이는 검은 가죽으로 만들고 금선을 감아 장식했는데, 남아 있는 유물 중 장관급 예도에 백상아리가죽白鮫皮을 사용한 것도 있다.

관등별 칼자루 금속부

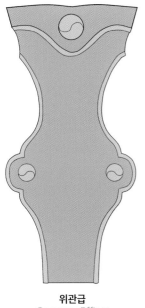

위관급
Company Officer

영관급
Field Officer

장관급
General

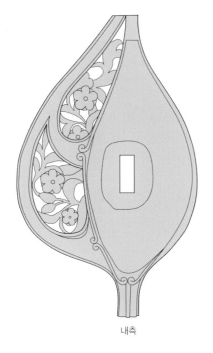

코등이
Guard

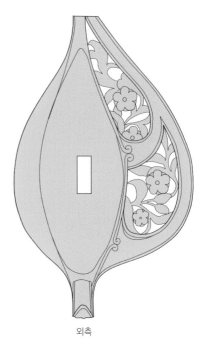

내측

외측

1895년 제식 검
Model 1895 Sword

검은 비전열 장교(비전투병과 장교)가 휴대하도록 했는데, 상세한 도식이 남아 있지 않아 그 형태를 유추하기가 어렵다.

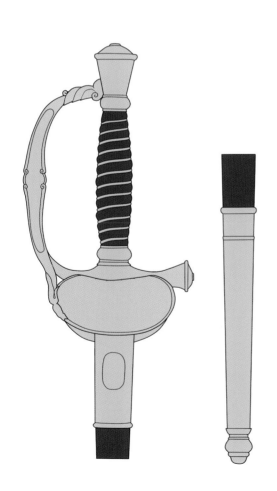

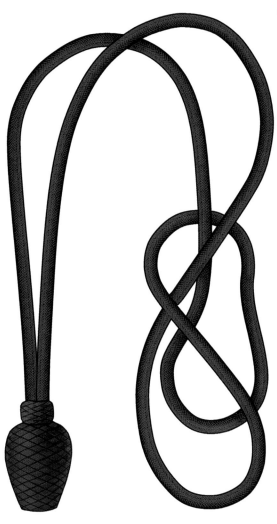

1895년 제식 정서·도서
Model 1895 Sword Knot

정서와 도서는 도와 검을 휴대할 때 칼자루에 다는 장식을 말한다. 1895년에는 정장·예장 차림에는 정서를, 군장·상장 차림에는 도서를 쓰도록 하였다. 이때 정서와 도서는 동일한 형태로 검은색 비단絹으로 만들었으나, 도서는 검은색 가죽으로도 만들 수 있게 하였다.

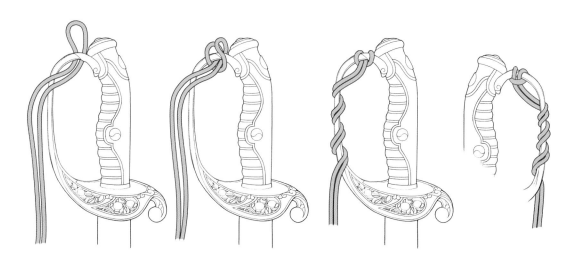

정서·도서를 칼에 매는법

1895년 제식 도대
Model 1895 Sword Belt

도대의 경우는 1895년 당시 제식이 따로 정해지지 않았고 1897년까지도 관련 규정이 없었으나, 장교들의 도검 패용이 있었다는 점으로 미루어 보아 제식이 규정되지 않았을 뿐 실제로는 착용이 이루어졌으며, 1897년의 형태와 유사한 검은색 가죽제였던 것으로 보인다. 검 또한 도대를 이용해 패용하도록 되어있었다.

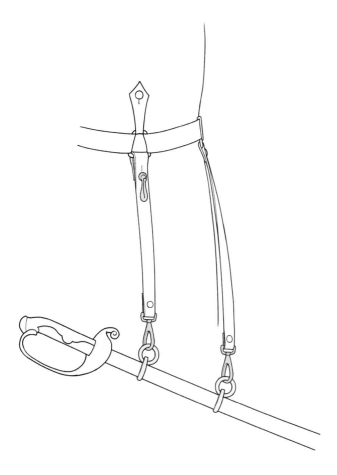

도검의 패용법

검에 달린 고리를 도대와 결합해 휴대하도록 하였다. 상부의
갈고리에 고리를 걸어 도검을 휴대하기 쉽도록 했으나 승마
할 때는 갈고리에 걸지 않도록 하였다.

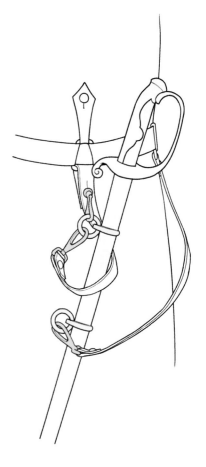

1895년 제식 식대
Model 1895 Sash Waist Belt

식대는 정장 차림 시 장교들이 허리춤에 메는 의식용 띠의 일종이다. 식대는 크게 띠와 수술로 이루어져 있는데, 수술은 명주실을 꼰 것이다. 장관급은 적색 띠에 은색 술, 영관급은 적색 띠에 자색 술, 위관급은 모두 적색으로 하였고 술 외에는 비단絹으로 만들었다. 식대 길이를 조정하기 위한 버클은 6개의 구멍이 있으며 가운데는 분리가 되는 형태로 만들었다.

장관급
General

영관급
Field
Officer

위관급
Company
Officer

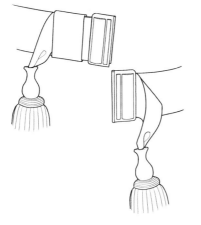

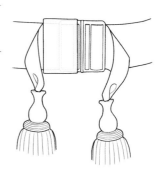

식대의 착용 방법

1895년 제식 식서(견식)
Model 1895 Aiguillette

식서는 장관급 장교와 참모장교 등이 자신의 신분을 나타내
는 수단으로 패용했다.
금선으로 만드는 것이 원칙이나, 상장과 군장 시에는 백다색
비단 실로 만든 것을 사용하였다. 식서 장식줄의 양 끝에는 무
궁화와 무궁화 나뭇가지가 장식된 금색 펜촉 모양 장식을 부
착하였는데, 끝에는 연필심을 낄 수 있게 했다.

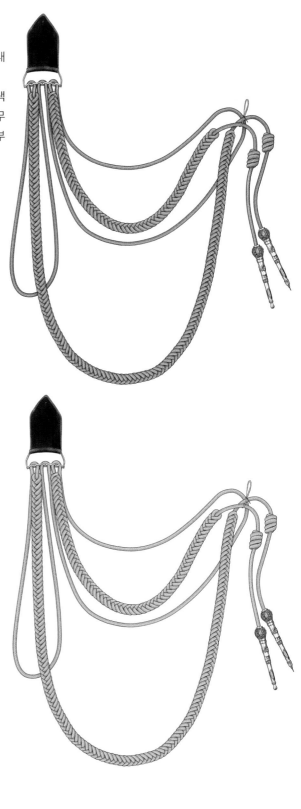

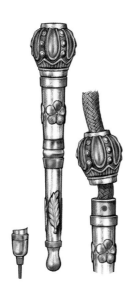

1895년 제식 현장

Model 1895 Sash

현장은 고등 관아 소속 부관이나 전령사, 주번이나 위수 근무
자 등의 임무를 수행하는 것을 나타내기 위해 메는 어깨띠의
일종이다. 1895년 현장은 고등 관아 부관(고등 관아 및 장관
급 이상이 근무하는 처소 소속)과 주번, 위수 순찰하는 모든
장교가 모든 복장 차림에 착용하였으며, 우측 어깨에서 좌측
겨드랑이 밑으로 사선으로 멨다. 단 고등 관아 부관은 특별히
장관을 수행할 때와 주번 및 위수 순찰 현직에 있지 않을 때
는 메지 않았다.

제식은 비단絹 재질로 적-백-적 무늬로 넓게 직조하였고 그
끝은 묶어 적색 술 2개를 달았다.

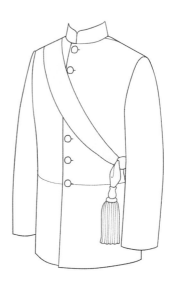

장갑
Gloves

장갑의 경우 백색 가죽을 사용함을 원칙으로 하였으나, 상장 또는 군장 차림으로 평시 근무, 연습 중일 때는 다색 가죽이나 탄력있는 소재를 사용했다.

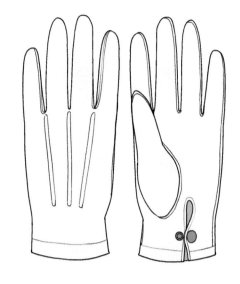

입전모
Plume

입전모는 모자 구성품 중 하나로, 예모 정면 모표 위에 꽂는 깃털이다. 1895년에는 앞에 꽂는 상모라는 것 외에 별다른 규정은 제시되지 않았다. 금속 철선에 백색 깃털을 중복 연결한 형태로서 도식은 민속 도록을 참고했다. 일본에서는 그 크기에 따라 장관급과 영관급 이하를 구분했다. 남아 있는 유물은 하부가 적색과 황색 2가지로 나뉜다.

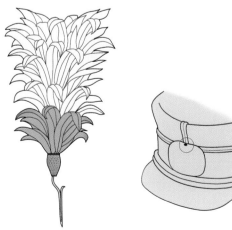

금포
Detachable Collar

금포는 세운깃 카라의 안쪽에 덧대는 땀받이용 천으로, 백포하금白布下襟, 하금下襟, 백금포白襟布 등으로도 불렸다. 어떤 복장을 착용하든 백포제를 사용하였다. 제식에 대한 규정은 없지만, 남아 있는 유물을 보면 좁고 긴 사각형 형태로 구멍이 있어서 옷깃 안쪽에 달린 단추에 끼워 고정하도록 만들었다. 1906년에는 하사졸의 금포에 대한 규정이 만들어졌는데, 흰색의 천을 옷깃 너비보다 약간 넓게 접어 실로 꿰매어 고정하게 했다.

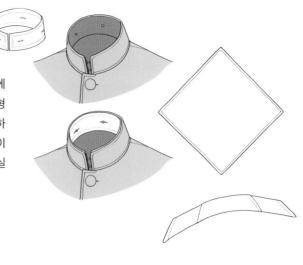

신발
Shoes

신발은 단화와 반장화, 장화 세 종류가 있었고, 제식에 대한 규정은 찾아볼 수 없지만 착용 규칙은 남아 있다. 단화는 앞면에 5쌍의 구멍을 뚫고 끈으로 묶는 형태의 목 없는 신발로, 어떤 복장을 막론하고 바지 아래로 오도록 신었다. 반장화는 발목까지 올라오는 높은 구두로 발목 부위 안쪽과 바깥쪽에 고무줄로 된 넓은 띠를 부착해 편리하게 신을 수 있게 만들었다. 장화는 무릎까지 올라오는 목이 긴 구두였다. 모든 복장을 막론하고 승마가 본분인 자는 단화나 장화의 뒤쪽에 박차를 부착하게 했다.

1895년 제식 마구馬具류
Model 1895 Horse Equipment

안낭덮개鞍囊外套

소륵고삐副轡

굴레頭絡

소륵재갈副銜

턱밑사슬轡鎖

대륵재갈轡銜

대륵고삐轡

마방굴레野繫

안낭鞍囊

안장鞍

밀치끈鞦

여낭旅囊

안장깔개鞍褥

가슴걸이鞅

뱃대끈腹帶

등자끈鐙

등자鐙

	정장의 마장	예장의 마장	군장의 마장
착용상황	정장을 착용한 채 승마하는 경우	예장을 착용한 채 승마하는 경우	군장을 착용한 채 승마하는 경우
착용장구	• 굴레頭絡 　예비용 턱밑사슬轡鎖, Curb Chain 　및 코굴레鼻革, Noseband 포함 • 대륵재갈轡銜과 턱밑사슬轡鎖 • 대륵고삐轡 • 소륵고삐副轡 • 안장鞍, 안장깔개鞍褥 • 등자鐙, 등자끈鐙 • 안낭鞍囊, 안낭덮개鞍囊外套 • 뱃대끈腹帶 • 가슴걸이鞅 • 밀치끈鞦	• 굴레頭絡 　예비용 턱밑사슬轡鎖, Curb Chain 　및 코굴레鼻革, Noseband 포함 • 대륵재갈轡銜과 턱밑사슬轡鎖 • 대륵고삐轡 • 소륵고삐副轡 • 안장鞍 • 안장깔개鞍褥 • 등자鐙 • 등자끈鐙 • 안낭鞍囊 • 뱃대끈腹帶	• 굴레頭絡 　예비용 턱밑사슬轡鎖, Curb Chain 　및 코굴레鼻革, Noseband 포함 • 대륵재갈轡銜과 턱밑사슬轡鎖 • 소륵재갈副銜 • 대륵고삐轡 • 소륵고삐副轡 • 안장鞍, 안장깔개鞍褥 　안장꼬리鞍尾를 부착하지 않는다. • 등자鐙, 등자끈鐙 • 안낭鞍囊, 안낭덮개鞍囊外套 • 뱃대끈腹帶 • 가슴걸이鞅 • 밀치끈鞦

서양식 군복을 착용한 채로 승마할 때의 승마 장구에 대한 규정도 제정되었다. 정장, 군장, 예장으로 승마할 시를 구분하였으며 사용하는 장구에 조금씩 차이를 두었는데, 다만 예장 차림으로 승마할 때는 통상의 승마구를 사용할 수 있도록 하였다. 안장깔개와 안낭덮개는 태극 장식을 부착하고 그 테두리에 위관급 장교는 적색 융 대선 1조, 영관급 장교는 적색 융 대·소선 각 1조, 장관급 장교는 은색 융 대·소선 각 1조로 장식해 관등별로 차등을 두었다.

1895년 제식 안낭덮개와 안장깔개
Model 1895 Pommel Bag Cover & Saddle Pad

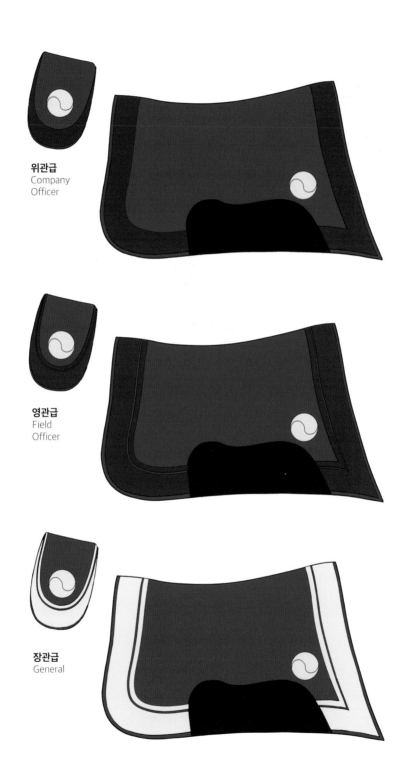

위관급
Company
Officer

영관급
Field
Officer

장관급
General

1885년 상장
Mourning Ribbon

1895년 10월 20일 무관이 장례 도중 착용하는 표장에 대해 규정한 무관표상식이 반포되었다.

그 내용을 자세히 살펴보면, 무관표상식은 군대와 군인이 상장喪章을 하게 했고, 상장은 검은색 포로 만들어 군기, 나팔, 악기, 도(검) 및 옷 왼쪽 소매에 두르게 만들었다. 국장國喪과 궁중상宮中喪에는 장교와 그 상당관 이상은 그때 명령을 따라 하게 했고, 대대에 부속한 중대장 이상의 상에 대해선 그 부하 장교 및 상당관이 군부 규정에 따라 상장을 하게 했다.

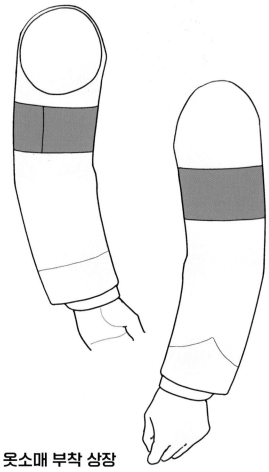

군기상장
Mourning Ribbon of Military Flag

너비 2촌 길이 4척되는 검은 포를 깃대 위쪽에 두른다.

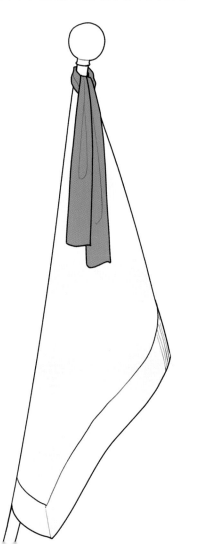

옷소매 부착 상장
Mourning Ribbon of Sleeves

너비 2촌되는 검은 포로 왼쪽 팔을 두른다.

도검상장
Mourning Ribbon of Sword

너비 2촌 길이 2척되는 검은 포를 칼자루에 두른다.

나팔상장
Mourning Ribbon of Trumpet

너비 1촌 길이 2척되는 검은 포를 두른다.

1897

제2장

대한제국의 선포와
군복의 개정

1897년 5월 15일, 기존의 미비점을 보완해 새로운 복장 규칙을 제정하면서 복식은 착용 상황과 착용법을 규정한 「육군복장규칙」과 착용품의 제식을 설명한 「육군장졸복장제식」으로 세분화 되었다. 1895년에는 단일 제식의 복식을 사용했으나 이때부터 대례의와 상의로 구분하여 착용했다. 규칙을 자세히 살펴보면, 차림새는 전과 같이 예장, 정장, 상장, 군장 4종으로 구분하였으며 상장, 군장은 장교와 하사졸이 모두 착용하고, 정장과 예장은 장교만이 착용하게 했다. 또 장교의 복식만 규정한 1895년과 달리 하사졸의 복식도 규정하였다.

구분	정장 Ceremonial Dress	예장 Full Dress	상장 Service Dress	군장 Combat Dress
착용 상황	• 성절과 각전궁탄신에 문안 및 진하할 시 • 절일날 문안 및 진하할 시 • 환구단과 묘사전궁[1]에 동가할 시 • 능원에 행행할 시 • 각종 큰 전례 시 • 친임행례 후 문안할 시	• 궁내에서 인공진견[2]할 시 • 예절있게 상관을 대할 시 • 각종 공식연회와 여러 하의에 임할 시	공사 막론 항상 착용	• 출전 및 주둔할 시 • 군대 입영 시 • 위수나 주번 등의 영군 시 • 중대 이상의 연습 시
착용 복식	정모, 입전모, 대례의, 바지, 대례견장, 식대, 도구서, 도대, 백색 가죽장갑, 하금, 신발	정모, 대례의, 바지, 소례견장, 도구서, 도대, 백색 가죽장갑, 하금, 신발	상모, 상의, 바지, 도구서, 도대, 장갑, 하금, 신발	상모, 상의, 바지, 소례견장, 도구서, 도대, 장갑, 하금, 권총, 혁대, 신발 등

군장은 하사 이하 병졸까지 모두 배낭을 착용하도록 했으나, 주번이나 위수 순찰 근무자는 사정에 따라 착용하지 않을 수 있었다. 배낭에는 우부나 외투를 말아서 부착하게 하였고, 배낭을 메지 않을 경우 우부나 외투를 말아서 어깨에 비스듬히 두르도록 했다.

1895년에는 별도의 법령으로 다루었던 상장이 육군복장규칙에 편입되었다. 그 내용을 살펴보면 상장은 모든 복장에 착용하였고, 모자의 금과 은색 실로 된 장식, 견장, 소매의 금색 장식을 모두 검은 비단絹으로 감싸게 했다. 왼쪽 팔에는 2촌의 검은색 포를 두르고, 칼자루에는 너비 2촌 길이 2척의 검은색 포를 두르며, 장갑은 회색을 사용하게 했다. 이런 상장은 국휼성복일國恤成服日로부터 제복일除服日까지 사용하였으며 만약 궁궐 내에서 사복을 입고 상장을 하는 경우 폐하를 뵐 때에만 하게 했다.

---

1 종묘宗廟 · 사직社稷 · 영희전永禧殿 · 경모궁景慕宮을 통틀어 이르는 말.
2 공적公的인 일로 말미암아 임금께 나아가 뵘.

육군 참장의 정장 차림

Major General in Ceremonial Dress Uniform

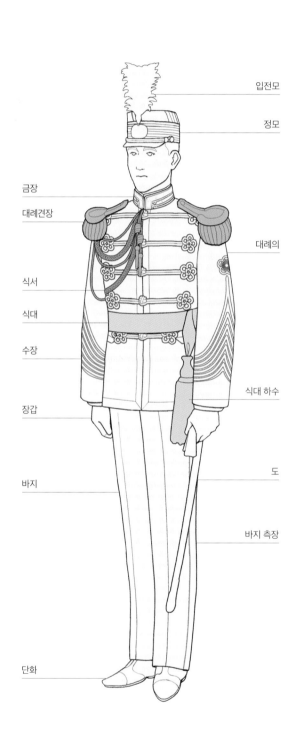

입전모

정모

금장

대례견장

대례의

식서

식대

수장

식대 하수

장갑

도

바지

바지 측장

단화

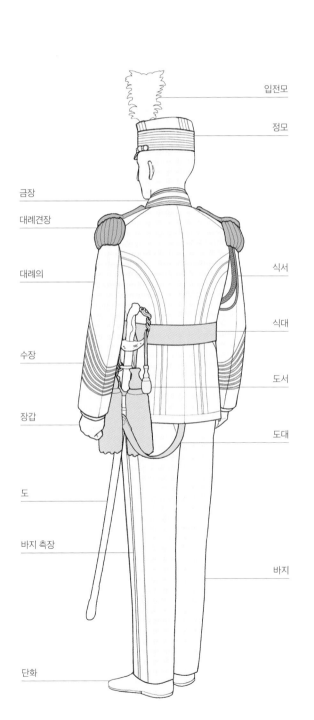

입전모

정모

금장

대례견장

대례의

수장

장갑

도

바지 측장

단화

식서

식대

도서

도대

바지

육군 보병 정위의 예장 차림

Infantry Captain in Full Dress Uniform

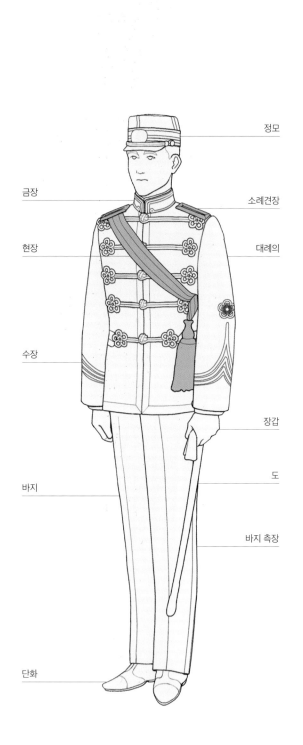

정모

소례견장

대례의

장갑

도

바지 측장

금장

현장

수장

바지

단화

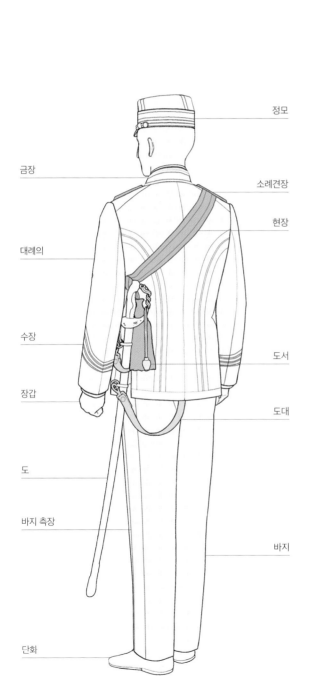

정모

금장

대례의

수장

장갑

도

바지 측장

단화

소례견장

현장

도서

도대

바지

육군 3등감독의 예장 차림

Accountant(Major Colonel) in Full Dress Uniform

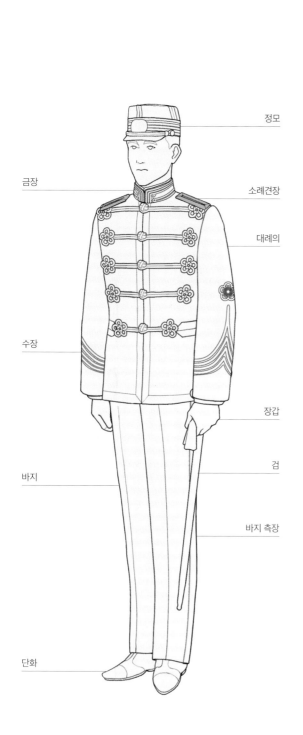

정모

소례견장

대례의

장갑

검

바지 측장

금장

수장

바지

단화

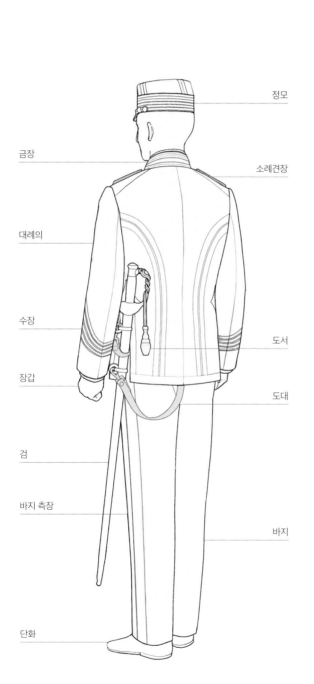

정모

금장

소례견장

대례의

수장

도서

장갑

도대

검

바지 측장

바지

단화

육군 포병 참령의 상장 차림

Artillery Major Colonel in Service Dress Uniform

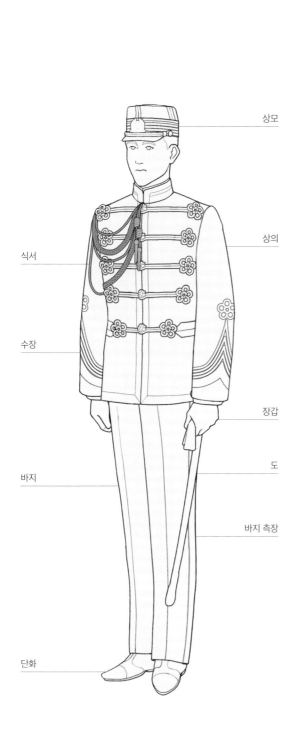

상모

상의

식서

수장

장갑

도

바지

바지 측장

단화

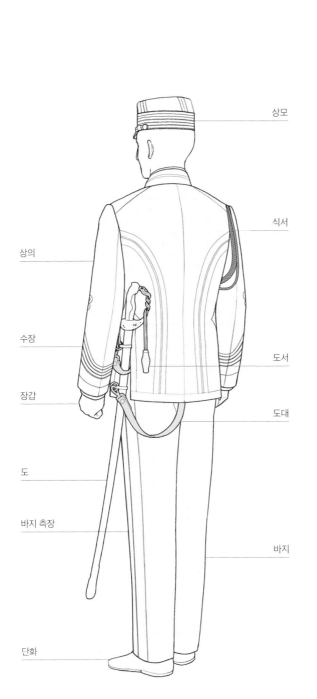

상모

식서

상의

수장

도서

장갑

도대

도

바지 측장

바지

단화

육군 보병 참위의 군장 차림
Infantry 2nd Lieutenant in Combat Dress Uniform

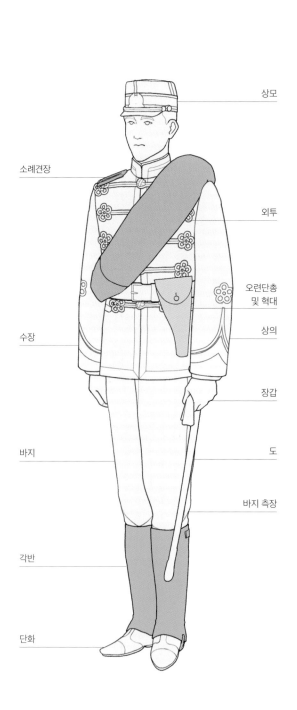

상모

소례견장

외투

오련단총
및 혁대

수장

상의

장갑

바지

도

바지 측장

각반

단화

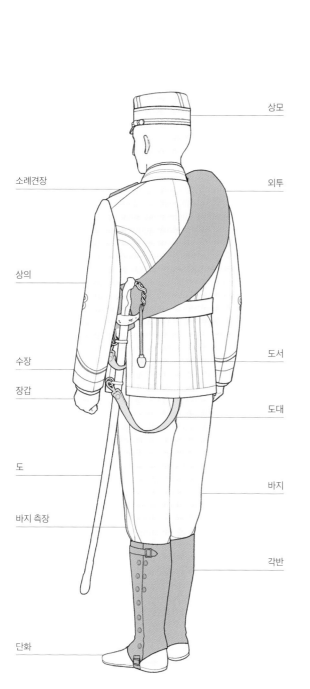

상모

소례견장

외투

상의

수장

도서

장갑

도대

도

바지

바지 측장

각반

단화

영관급 장교의 외투 차림
Field Officer in Greatcoat

상모

두건

외투

수장

장갑

바지

도

바지 측장

단화

군장 차림의 상등병
Corporal in Combat Dress Uniform

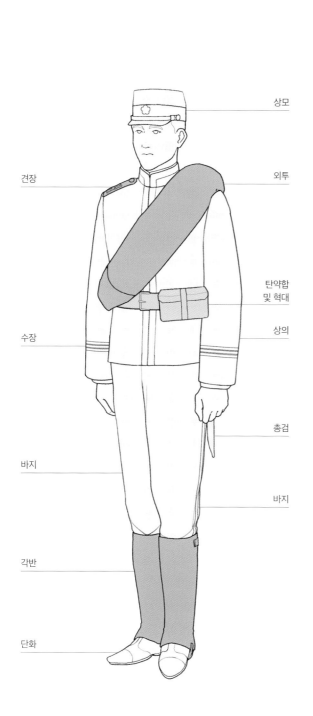

상모

외투

견장

탄약합
및 혁대

수장

상의

총검

바지

바지

각반

단화

1897년 제식 장교 정모
Model 1897 Full Dress Cap for Officers

1897년 장교 정모 모표
Full Dress Cap Emblem
for Officers

정모 턱끈
Full Dress Cap Cord
& Chin Strap

1897년 제식 정모는 장교만 착용 가능하였는데, 형태는 타원형으로 당시 프랑스군이 사용한 케피képi 형태였다. 모자 상반부는 검은색 융에 하반부는 홍색 융으로 만들었는데, 다만 군부에 속해 있던 회계관과 군의관 등은 하반부 색상을 각각 바지의 측장 색을 따르게 했다. 모자 정수리에는 홍색 융 바탕에 금색으로 이화를 수놓아 봉착하였고 그 밖으로 둘레를 따라 원형으로 금색 양고직선(둥근 선 2개를 합친 형태로 직조한 브레이드)을 부착하였으며, 전·후·좌·우 4개 처에 둘레 금선으로부터 하반부 접하는 부위까지 수직으로 금색 양고직선을 관등에 따라 붙였는데 위관급은 세로 금선 1조, 영관급은 2조,

장관급은 3조로 했다. 하반부에는 상반부와 접하는 부위에 가로 금선 1조를 붙이고, 그 밑 공간에 계급에 따라 참위 1조부터 대장 9조까지 차등 있게 부착했다.

턱끈은 둥글게 꼰 금선 2줄을 나란히 하여 늘리거나 줄일 수 있게 해서 달고 그 끝을 무궁화 문양 도금 귀 단추로 고정했는데, 남아 있는 유물에 따라 그 모습이 조금씩 차이를 보인다. 차양은 흑색 가죽의 반달형으로 만들었다. 모표는 타원형의 검은색 융 바탕에 중앙에는 은색 잎과 금색 술로 장식된 이화를, 좌우에 금색 무궁화 잎과 은색의 꽃송이가 달린 가지를 교차하여 수놓았다.

모자 측면도
Side-view

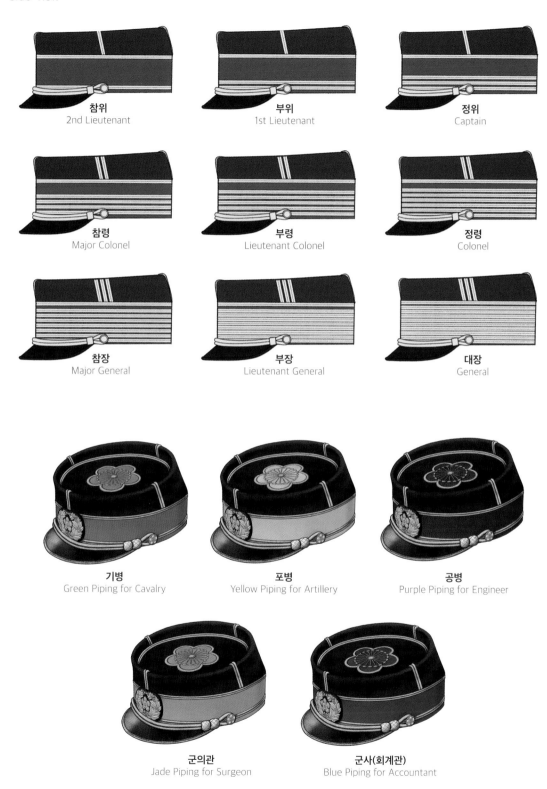

참위
2nd Lieutenant

부위
1st Lieutenant

정위
Captain

참령
Major Colonel

부령
Lieutenant Colonel

정령
Colonel

참장
Major General

부장
Lieutenant General

대장
General

기병
Green Piping for Cavalry

포병
Yellow Piping for Artillery

공병
Purple Piping for Engineer

군의관
Jade Piping for Surgeon

군사(회계관)
Blue Piping for Accountant

1897년 제식 장교 상모
Model 1897 Service Cap for Officers

장교 상모 턱끈
Service Cap Cap Cord
& Chin Strap for Officers

1897년 장교 상모 모표
Service Cap Emblem for Officers

1897년 처음으로 상모가 규정되었는데, 장교만 착용할 수 있었던 정모와 달리 모든 계급이 착용할 수 있었다. 장교의 경우 정모와 형태를 비슷하게 했으나 다만 정수리 주위와 상반부 세로 선, 하반부에 장식된 금선을 흑색 편직선으로 했고, 턱끈 또한 둥글게 꼰 검은색 노끈으로 했으나 유물이나 사진을 보면 하사졸 상모와 같이 가죽제 턱끈을 사용한 모습도 확인된다. 모표로는 정모와 비슷한 모습의 도금주제 모표를 달았다.

모자 측면도
Side-view

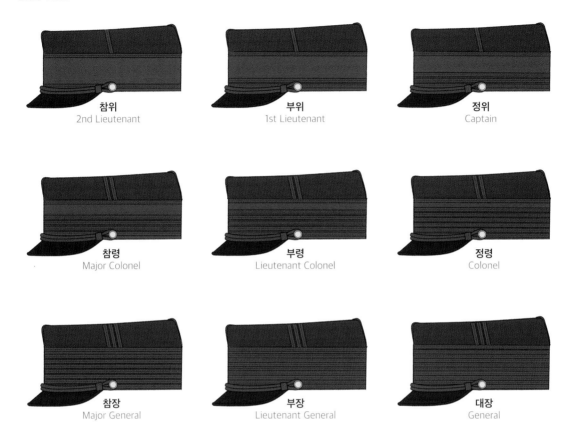

참위
2nd Lieutenant

부위
1st Lieutenant

정위
Captain

참령
Major Colonel

부령
Lieutenant Colonel

정령
Colonel

참장
Major General

부장
Lieutenant General

대장
General

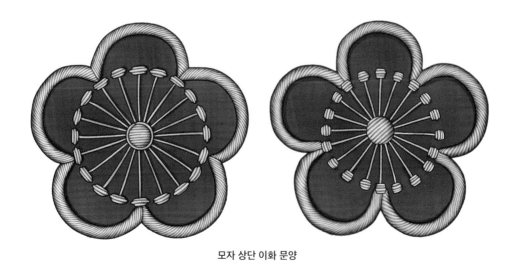

모자 상단 이화 문양

1897년 제식 하사졸 상모
Model 1897 Cap for NCOs & Privates

하사관
NCOs

1897년 하사졸 상모 모표
Service Cap Badge for NCOs & Privates

병졸
Privates

하사졸의 상모의 경우 장교의 상모와 그 형태가 유사했으나 세세한 데서 차이를 보였는데, 모표는 도금주제 이화를 달았고 차양과 턱끈 모두 흑색 가죽으로 했다. 장교 모자와 같은 장식선은 달지 않았고, 하사관은 모자 하단부 홍색 융을 아래위로 나누어 아래는 8분(약 2.4cm), 위는 2분(약 0.6cm) 너비로 두른 반면 병졸은 8분 너비 한 줄로 했다.

1897년 제식 장교 대례의
Model 1897 Full Dress Tunic for Officers

1897년 대례의가 새롭게 규정되었고 장교만 착용할 수 있었다. 검은색 융에 세운깃이었고, 몸에 달라붙고 허리 부위까지 닿는 짧은 형태로 만들었다. 앞면의 여미는 부분과 옷 주변에 검은색 편직 띠를 붙이고 앞면에 둥글게 꼰 검은색 끈으로 단추와 고리를 만들어 가운데에서 여미게 했다. 끈의 끝은 무궁화 모양으로 꼬아 장식했고 그 안에 후크를 달아 옷을 여미게 했는데, 이런 형태의 옷을 사람의 갈비뼈와 닮았다고 해 늑골복이라고 부른다. 마지막 장식 매듭과 같은 선상의 허리 부분에 덮개 없는 속붙임주머니를 달고 주머니 입구에 검은색 편직 띠를 달았는데 양 끝이 제비 부리 모양이었다. 뒷면은 봉합선을 따라 검은색 편직 띠를 달고 그 좌우에 화살촉 모양으로 편직 띠를 달아 장식했는데, 좌측은 도를 휴대하는 데 편리하도록 절개하고 안쪽을 검은색 가죽으로 마무리했다. 소맷부리와 깃을 홍색 융으로 감싸고 여기에 금색 선을 자수해 관등과 계급을 표시했는데, 다른 병과의 경우 정모의 하반부를 바지 색을 따르게 한 것처럼 각 병과 정색을 따른 것으로 보인다.

1897년의 제식에서 대례의 금장은 깃에 홍색 융을 감싸고 상단 주변을 따라 금색 선을 장식해서 관등을 표시했다. 장관급 장교는 위쪽 가장자리를 따라 정도기자正倒己字형을 수놓고, 밑에는 一자형 금선 2조를, 가운데에는 1조를 수놓았으며 영관급 장교는 가장자리에 一자형 금선 1조와 밑에는 2조, 영관급 장교는 위아래에 각 1조씩을 수놓게 했으나 유물과 사진을 보면 이런 규정과 조금 차이를 보인다.

대례의 수장은 소맷부리에 홍색 융을 감싸고 그 윗부분에 금색 실로 人자 형을 수놓았는데, 참위 1조부터 대장 9조까지 차등 있게 달고 그 위에는 금색 실로 무궁화를 장식해 붙였다.

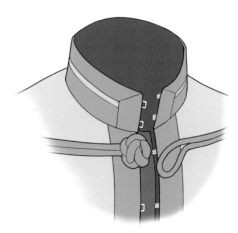

후크

1897년 제식 대례의 금장
Model 1897 Full Dress Collar Patches

장관급 General

영관급 Field Officer

위관급 Company Officer

1897년 제식 대례의 수장
Model 1897 Full Dress Sleeve Insignia

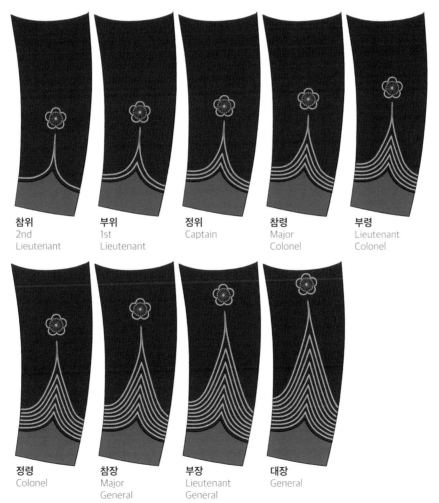

참위 2nd Lieutenant	부위 1st Lieutenant	정위 Captain	참령 Major Colonel	부령 Lieutenant Colonel

정령 Colonel	참장 Major General	부장 Lieutenant General	대장 General

1897년 제식 장교 상의
Model 1897 Service Dress for officers

1897년 새롭게 규정된 상의는 모든 계급이 착용할 수 있었다. 장교 상의의 경우 옷의 품질과 제식은 대례의와 유사했지만 순묵색이었고 깃에 금장을 달지 않았다. 소매에는 홍색 융을 감싸는 대신 검은색 편직 선을 1줄 붙이고 그 위에 예의와 동일한 수장을 부착했는데, 금실로 선과 무궁화를 수놓던 것을 검은색 양고직선으로 부착했다. 하복의 경우 염서제 기간 (5월 1일~8월 31일)에 상장과 군장 차림에만 착용하도록 했고, 상의는 백색을 착용하되 바지는 흑색을 그대로 착용하게 했으며, 다만 궁궐에 들어갈 때는 백색을 착용하지 않도록 했다. 색상 외에 별다른 제식은 확인되지 않으나, 사진을 통해 흰색 세운깃에 싱글브레스트Single-breasted 형태로 견장을 달고 있는 모습을 확인할 수 있다.

장교 상의(상)와
대례의(우)의 수장

1897년 제식 상의 수장
Model 1897 Service Dress Sleeve Insignia

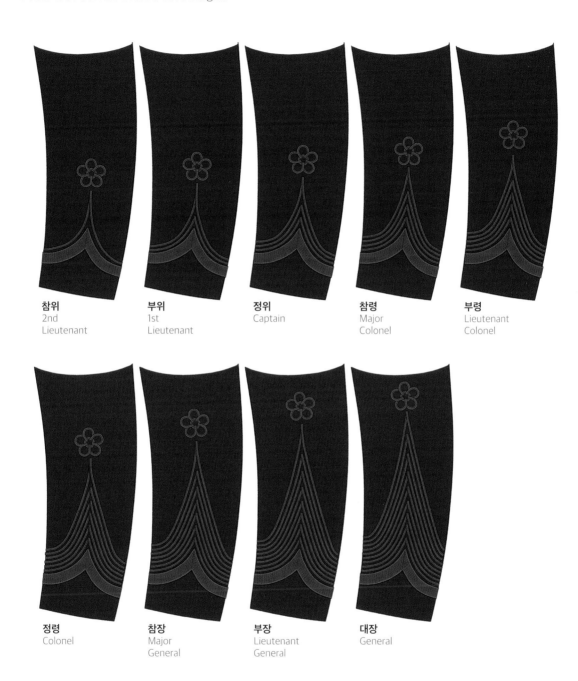

참위
2nd
Lieutenant

부위
1st
Lieutenant

정위
Captain

참령
Major
Colonel

부령
Lieutenant
Colonel

정령
Colonel

참장
Major
General

부장
Lieutenant
General

대장
General

1897년 제식 대례견장
Model 1897 Full Dress Epaulet

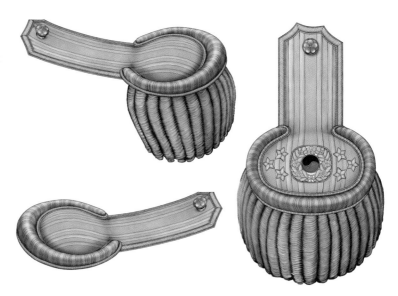

참위
2nd
Lieutenant

부위
1st
Lieutenant

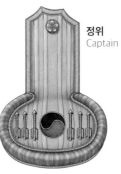

정위
Captain

참령
Major
Colonel

부령
Lieutenant
Colonel

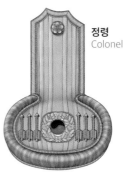

정령
Colonel

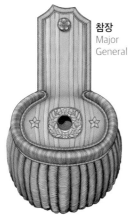

참장
Major
General

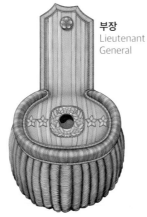

부장
Lieutenant
General

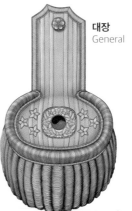

대장
General

1897년 제식 소례견장
Model 1897 Service Dress Shoulder Board

참위
2nd Lieutenant

부위
1st Lieutenant

정위
Captain

참령
Major Colonel

부령
Lieutenant Colonel

정령
Colonel

참장
Major General

부장
Lieutenant General

대장
General

1897년에는 장교의 견장이 대례견장과 소례견장 2종으로 분리되었다. 대례견장의 바탕은 금색 실로 짠 넓은 판으로 윗부분은 장방형, 아랫부분은 타원형을 합친 모양이었으며 윗부분에는 도금주제 이화 문양 단추를 1개 달았다. 장관급 장교는 금색 선을 둥글게 짠 장식 술을 견장의 아랫부분에 장식한 반면 영·위관은 달지 않았다. 타원형의 위에는 계급장을 달았는데, 장관급 장교는 은색 무궁화 잎과 가지로 감싼 홍흑색 태극을 가운데에 수놓고 그 양옆에 별을 은색 실로 대장은 3개씩, 부장은 2개씩, 참장은 1개씩 장식하였다. 영관은 장관과 동일하나 별 대신 화살을 정령은 3개씩, 부령은 2개씩, 참령은 1개씩 수놓았다. 위관도 영관과 동일하나 가운데 무궁화 잎과 가지가 없이 홍흑색 태극만을 수놓은 점이 달랐고 정위는 3개씩, 부위는 2개씩, 참위는 1개씩의 은색 화살로 장식했다. 그러나 남아 있는 유물을 살펴보면 화살이나 별을 수놓게 한 규정과 달리 금속제를 사용하거나 표장의 모양에서 조금씩 차이를 보이는 것들도 있다.

소례견장은 홍색 융 바탕에 장방형으로 가장자리에 금색 자수를 사선으로 장식하였고 그 안에 대례견장과 같은 계급장을 달았다. 1898년 12월 30일 제식이 일부 개정되면서 영관도 견장 아랫부분 하단에 금색 선을 둥글게 짠 장식 술을 달았다.

1898년 제식 대례견장
Model 1898 Full Dress Epaulet

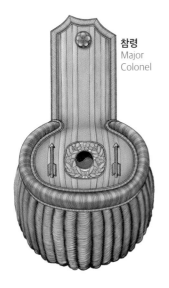

참령
Major
Colonel

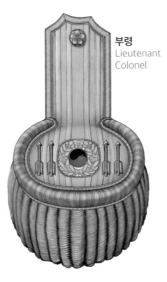

부령
Lieutenant
Colonel

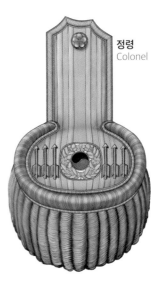

정령
Colonel

1897년 제식 하사졸 견장
Model 1897 Shoulder Strap for NCOs & Privates

병졸
Privates

참교
Sergeant

부교
Staff Sergeant

정교
Sergeant
First Class

사진상으로 확인되는 하사졸 견장의 단대호
Regimental Number

제1친위연대
1st Chin-Wi(guard)
Regiment

제1시위연대
1st Si-Wi(guard)
Regiment

1897년 제식 하사졸 상의
Model 1897 Tunic for NCOs & Privates

1897년 제식 하사졸 수장
Model 1897 Sleeve Insignia for NCOs & Privates

| 이등병
2nd Private | 일등병
1st Private | 상등병
Corporal | 참교
Sergeant | 부교
Staff Sergeant | 정교
Sergeant
First Class |

하사관과 병졸의 상의는 순묵색의 세운깃에 몸에 달라붙고 허리 부위까지 닿는 짧은 형태로 만들었다. 앞면 가운데에서 후크식 단추로 여미도록 돼 있었다.

수장으로는 병졸의 경우 폭 2분(약 0.6cm)의 홍색 선을 이등병은 1조, 일등병은 2조, 상등병은 3조를 붙였고 하사관은 폭 5분(약 1.5cm)의 홍색 선 1조를 붙이고 그 위에 폭 2분의 홍색 선을 참교는 1조, 부교는 2조, 정교는 3조를 붙였다.

하사졸의 견장도 규정되었는데 붉은색 융 바탕으로 그 형태는 상단이 八자 형태인 직사각형으로 윗부분에 도금주제 무궁화 단추를 달아 고정하도록 했다. 그 밑에는 황색 융으로

계급 선을 두었는데 참교는 1조, 부교는 2조, 정교는 3조를 붙였고 병졸은 계급 선이 없었다.

계급 선의 아래에는 한글로 대호를 표시했다. 대호의 경우 러시아군 기록에 한글로 "01(제1대대)"을 표시했다고 하고 이후 1898년 법령에서 대호가 연대 호로 개정된 것으로 보아 초기에는 대대 호를, 그 이후에는 연대 호를 표시한 걸로 보인다. 대호를 어떤 모양으로 달았는지에 대한 자세한 규정은 없으나 사진상에서 "시일" 또는 "친일"이라는 글자가 확인되는데, 이는 각각 제1시위연대와 제1친위연대를 나타내는 것으로 추측할 수 있다.

1897년 제식 바지
Model 1897 Trousers

병졸
Privates

하사관
NCOs

위관급
Company
Officer

영관급
Field
Officer

장관급
General

군의관
Green Piping
for Surgeon

군사(회계관)
Blue Piping
for Accountant

공병
Purple Piping
for Engineer

포병
Yellow Piping
for Artillery

기병
Green Piping
for Cavalry

바지는 대례의와 상의 모두 동일한 바지를 착용했는데, 이전과 같은 제식이나 측장의 제식을 상세히 규정하였다. 장관급은 측장을 중앙에 3분(약 0.9cm) 너비 1조, 좌우에 7분(약 2.1cm) 너비 각 1조로 하고 영관급은 7분 너비 2조, 위관급은 1촌(약 3.03cm) 너비 1조, 하사관은 6분(약 1.8cm) 너비 1조,

병졸은 3분 너비 1조를 각각 부착하게 했다. 색상은 기본적으로 홍색을 사용하나 병과에 따라 기병은 녹색, 포병은 황색, 공병은 자색, 군사는 청색, 군의는 옥색을 사용하도록 했다. 이런 구분이 각 병과의 정색定色으로 모자나 대례의에도 적용된 것으로 보인다.

1897년 제식 장교 외투
Model 1897 Greatcoat for Officers

1897년 제식 장교 외투 수장
Model 1897 Greatcoat Sleeve Insignia

위관급
Company
Officer

영관급
Field
Officer

장관급
General

외투는 시제 당시와 착용 규정이 동일하였고 다만 제식에서 일부 차이를 보였는데, 수장에 적색 융으로 된 띠 외에 장관 만이 부착하던 금색 양고직선을 장관급은 3줄, 영관급은 2 줄, 위관급은 1줄로 바꾸었다.

1897년 제식 도
Model 1897 Sabre

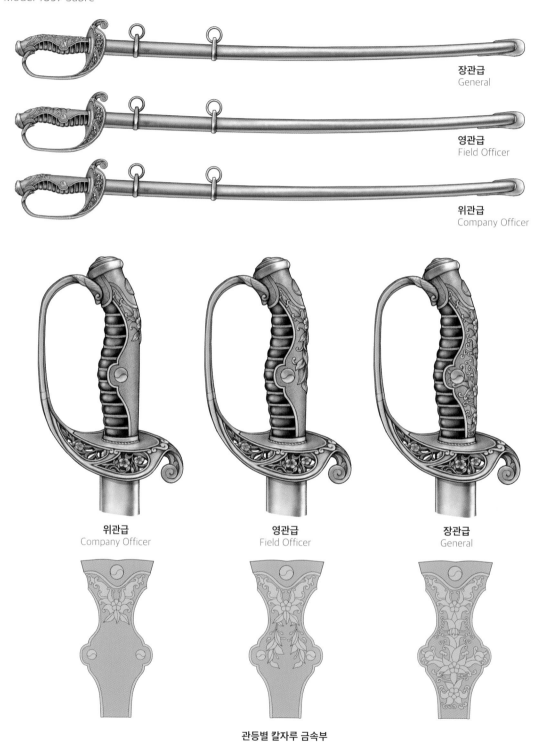

장관급
General

영관급
Field Officer

위관급
Company Officer

위관급
Company Officer

영관급
Field Officer

장관급
General

관등별 칼자루 금속부

승마 시가 아니면 실내외를 막론하고 고리를 도대에 걸어 휴대했다. 1897년 규정에서는 장관급은 칼자루 금속 부위 전체, 영관급은 절반, 위관급은 1/3 부분에 무궁화 잎과 태극 문양을 조각하도록 했다.

1897년 제식 식대
Model 1897 Sash Waist Belt

1897년 식대의 띠는 전과 같은 적색 띠로 하고 아래에 다는 수술의 제식만 바꾸었는데, 장관급은 은색, 영관급은 청색, 위관급은 황색으로 했다.

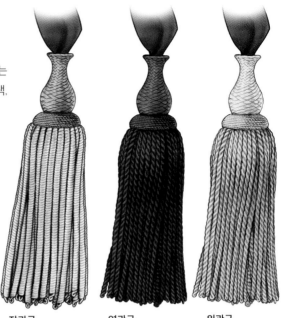

장관급
General

영관급
Field Officer

위관급
Company Officer

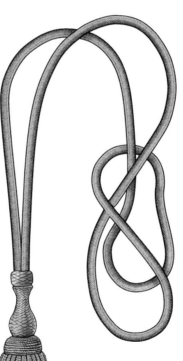

1897년 제식 정서·도서
Model 1897 Sword Knot

1897년에는 영관, 장관은 금선으로 둥글게 짜서 만든 도서를, 위관급은 검은색 실로 만든 제품을 사용했으며 영관, 장관도 군장과 상장 차림 시에는 검은색 실로 만든 것을 사용하도록 했다.

1897년 제식 도대
Model 1897 Sword Belt

1897년 처음 도대에 대한 제식이 규정되었는데 장관급은 금
색 실로 넓게 짠 것이었고 영관과 위관급은 검은색 가죽제를
사용했다.

1897년 제식 식서(견식)
Model 1897 Aiguillette

이전과 제식 및 착용 인원은 동일했으나 식서의 종류를 정식서와 약식서로 나누었다. 정식서는 금선제로써 장관급이 패용하게 했고, 약식서는 담황색 비단 실로 만들고 상장과 군장 차림에 패용하도록 했다. 참모 식서는 참모부 관원이라도 현임 참모관 외에는 식서를 달지 못하게 하였다.

1899년 원수부소속 무관의 복장
1899 Dress regulations of the Board of Marshals

1899년 군 최고 통수권 기관으로 원수부가 설치되면서 원수부에 속한 무관의 복장규칙이 제정되었다. 그 내용을 살펴보면 아래와 같다.

1. 모자는 어용 모자와 동일한 양식이며 품계표지만 계급에 따른다.

2. 견장은 어용 견장과 동일 양식으로 하되 위관은 수술이 없다.

3. 식대는 장관은 황색에 은사로 이화를 가식하고 영위관은 황색만 쓴다.

4. 식서는 장관, 영관, 위관이 모두 패용한다.

5. 본조에 규정한 것 외에는 육군 복장 규칙에 의한다.

이를 통해 모자나 견장 등은 황제가 착용한 것과 같은 것을 사용한 것을 알 수 있으며, 상세한 도식은 발견되지 않았으나 사진 자료 등을 통해 그 형태를 유추할 수 있다(7장 황실의 군복 참고).

1904년 원수부가 폐지된 후에도 '시·배종 및 친왕부 무관과 참모관 복장은 전 원수부 복장규례를 인용한다'고 규정하여 이후에도 유사한 복장을 착용하였음을 알 수 있다.

1897년 제식 안낭덮개와 안장깔개
Model 1897 Pommel Bag Cover & Saddle Pad

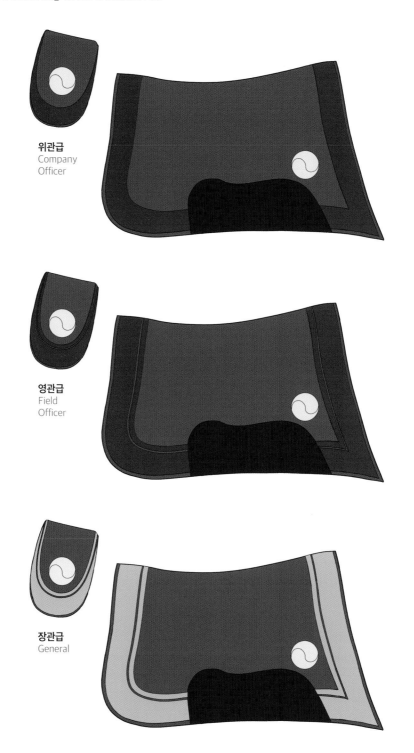

위관급
Company
Officer

영관급
Field
Officer

장관급
General

승마 시 착용하는 장구류에 대한 규정은 이전과 같고 다만 안낭덮개와 안장깔개의 제식이 일부 개정되었는데, 재질은 흑색 융이고 테두리에 장관은 금사 평직 끈을 두르고 영관은 적색 융 2줄, 위관은 1줄을 두르게 했다.

1900

제3장

대한제국 군복의 발전

1900년 7월 2일 기존의 「육군장졸복장제식」이 부분 개정되면서 대례의와 상의, 견장의 제식이 변경되었다. 복식과 관련한 대표적인 변경사항은 기존의 매듭 단추를 장식한 늑골복 형태가 금속 단추로 여미는 형태로 바뀐 것이다. 이보다 조금 앞선 6월 30일에는 「육군헌병조례」 반포와 함께 한국 최초의 헌병대가 설치되면서 이들의 복장 또한 함께 규정되었다. 이후 기병대·포병대 등이 증설되며 군의 규모가 확장되었고, 군악대도 창설되면서 그 복식의 종류가 다양해지고 복잡해졌다.

육군 부장의 정장 차림
Lieutenant General in Ceremonial Dress Uniform

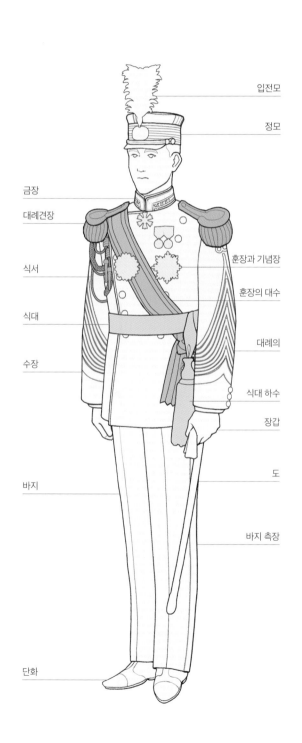

입전모

정모

금장

대례견장

식서

식대

수장

훈장과 기념장

훈장의 대수

대례의

식대 하수

장갑

도

바지

바지 측장

단화

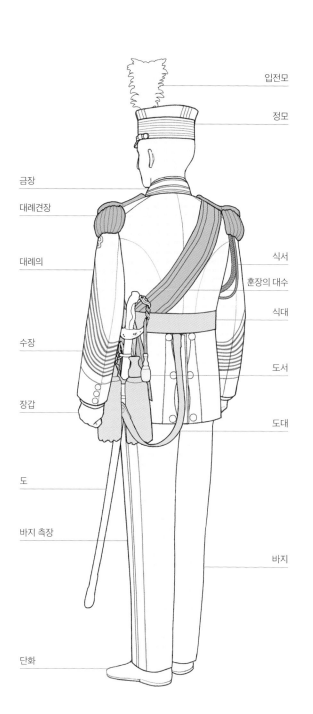

입전모

정모

금장

대례견장

대례의

식서

훈장의 대수

식대

수장

도서

장갑

도대

도

바지 측장

바지

단화

육군 공병 참령의 정장 차림

Engineer Major Colonel in Ceremonial Dress Uniform

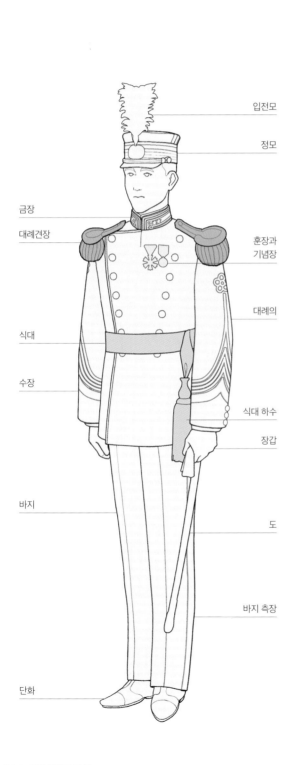

입전모

정모

금장

대례견장

훈장과
기념장

대례의

식대

수장

식대 하수

장갑

바지

도

바지 측장

단화

육군 기병 부령의 예장 차림
Cavalry Lieutenant Colonel in Full Dress Uniform

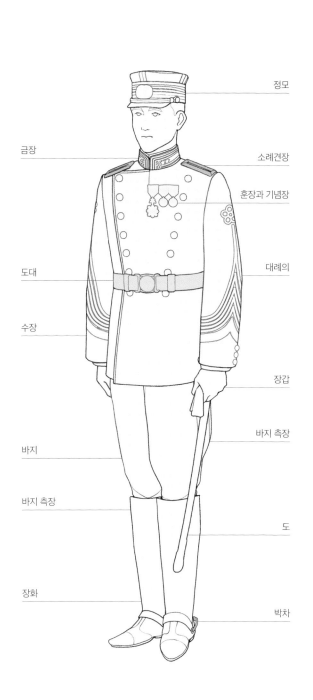

정모

금장

소례견장

훈장과 기념장

도대

대례의

수장

장갑

바지

바지 측장

바지 측장

도

장화

박차

육군 헌병 정위의 상장 차림
Military Police Captain in Service Dress Uniform

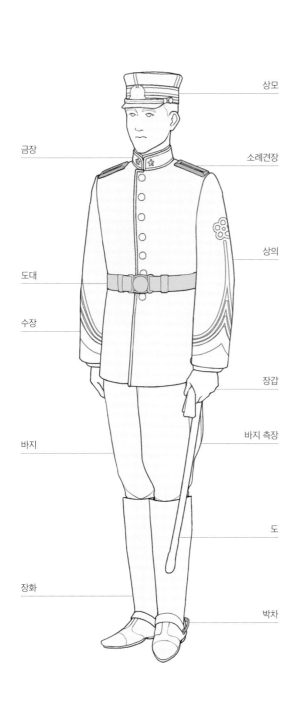

금장

도대

수장

바지

장화

상모

소례견장

상의

장갑

바지 측장

도

박차

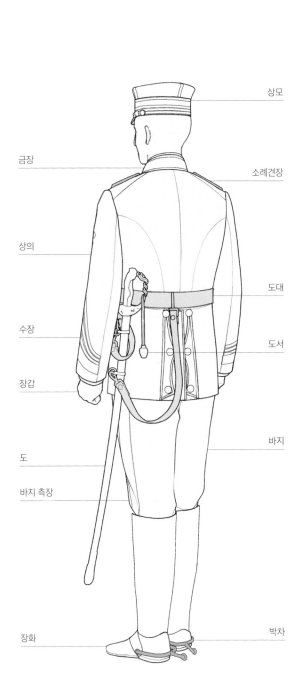

상모

금장

상의

수장

장갑

도

바지 측장

장화

소례견장

도대

도서

바지

박차

육군 보병 참위의 군장 차림

Infantry 2nd Lieutenant in Combat Dress Uniform

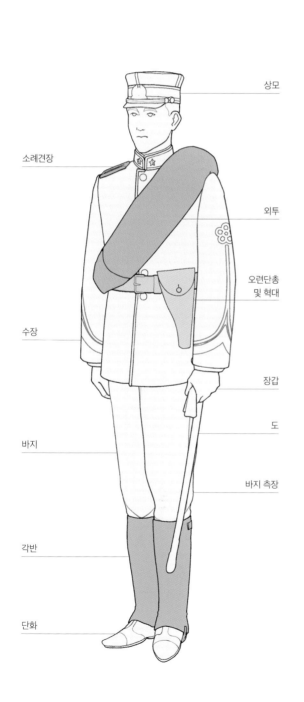

상모

소례견장

외투

오련단총
및 혁대

수장

장갑

도

바지

바지 측장

각반

단화

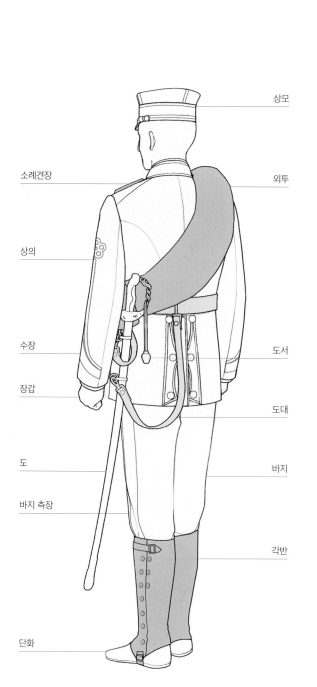

상모

소례견장

외투

상의

수장

도서

장갑

도대

도

바지

바지 측장

각반

단화

군장 차림의 일등병

1st Private in Combat Dress Uniform

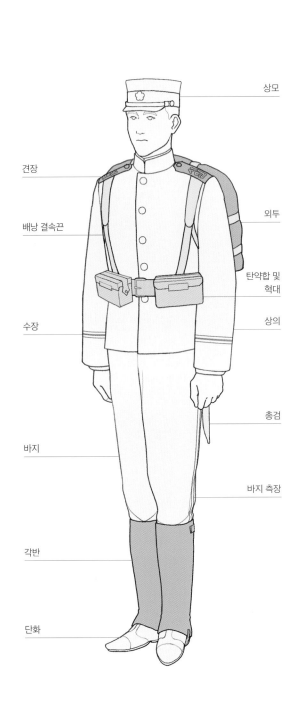

상모

견장

배낭 결속끈

외투

탄약합 및
혁대

수장

상의

총검

바지

바지 측장

각반

단화

병졸의 외투 차림
Privates in Greatcoat

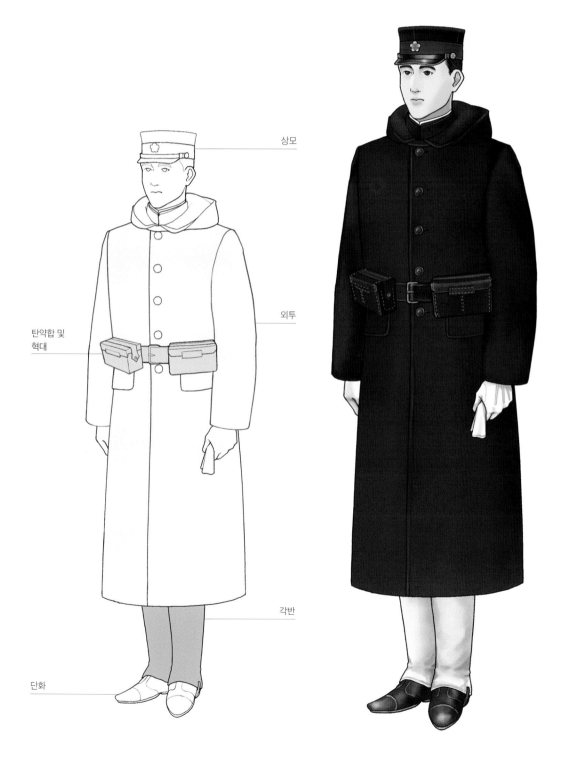

상모

외투

탄약합 및
혁대

각반

단화

육군 1등군악장의 정장 차림

1st Military Bandmaster(Captain)
in Ceremonial Dress Uniform

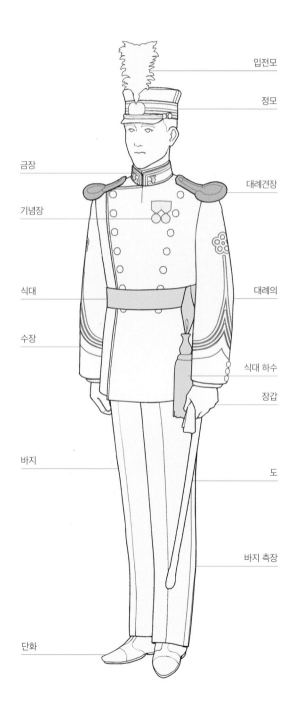

입전모

정모

금장

대례견장

기념장

식대

대례의

수장

식대 하수

장갑

바지

도

바지 측장

단화

육군 1등군악수의 정장 차림

1st Military Band player(Staff Sergeant)
in Ceremonial Dress Uniform

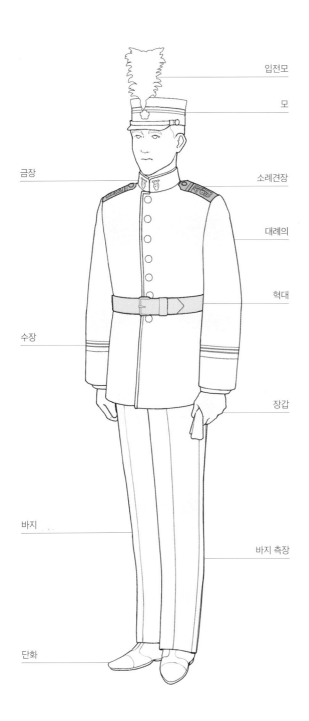

입전모

모

금장

소례견장

대례의

혁대

수장

장갑

바지

바지 측장

단화

1900년 제식 헌병 장교 정모
Model 1900 Full Dress Cap
for Military Police Officer

1900년 제식 헌병 하사졸 상모
Model 1900 Service Dress Cap
for Military Police NCOs & Privates

1901년 제식 군악대 장교 정모
Model 1901 Full Dress Cap
for Military Band Officer

1901년 제식 군악대 하사졸 상모
Model 1901 Service Dress Cap
for Military Band NCOs & Privates

1902년 제식 기병 장교 정모
Model 1902 Full Dress Cap
for Cavalry Officer

1902년 제식 기병 하사졸 상모
Model 1902 Service Dress Cap
for Cavalry NCOs & Privates

1903년 제식 공병 장교 정모

Model 1903 Full Dress Cap
for Engineer Officer

병과에 따라 모자의 색상이 변경되었다. 1900년 7월 2일 헌병용 모자 상반부를 다색 융, 하반부를 백색 융으로 개정하였고, 1901년 9월 2일 개정으로 군악대용 모자는 상반부에 홍색 융을 사용하도록 했다.

하사졸의 예모는 입전모를 사용하도록 했고, 1902년 9월 20일 개정을 통해 기병용 모자의 상반부를 홍색으로 하는 사항도 추가되었다. 1903년 12월 22일에는 공병용 정모 상반부를 황색 융을 사용하도록 했다.

1904년 10월 15일 군인의 모자는 각 병과를 막론하고 모두 보병용 모자 제식을 통용하도록 했는데, 이후에 찍힌 사진이나 의궤의 그림에서 기존에 사용되던 배색의 모자가 보이는 점 등으로 보아 바로 적용된 건 아닌 것으로 보인다.

1900년 제식 장교 대례의
Model 1900 Full Dress Tunic for Officers

1900년 제식 대례의는 재질이 이전과 같은 흑색 융이었으나 형태나 길이에서 큰 변화가 있었다. 기존의 늑골복 형태에서 세운깃에 흉부 좌우 도금 무궁화 무늬 단추 각 7개씩을 단 프록 코트형으로 바뀌었는데, 체형에 따라 길이를 다르게 하되 끝이 다리 위까지 닿게 하였다. 뒷자락에 5촌(약 15.15cm)을 트이게 해서 양쪽에 길이 5촌, 너비 1촌(약 3.03cm)의 홍색 융질을 위쪽은 뾰족하고 아래쪽은 넓게 파도형으로 부착하게 했고 그 위에 도금 무궁화 무늬 단추를 각 3개씩 달았다. 도대걸이를 달아 대를 걸기 편하게 했으며 깃과 소맷부리를

홍색 융으로 감싸고 장식을 달아 계급을 표시했다. 또한 앞섬의 여미는 부분과 뒷자락의 트인 부분에 홍색 융선으로 파이핑을 달았다.

헌병의 대례의도 따로 제정하였는데, 품질을 다색 융으로 하고 깃과 소맷부리, 뒷자락 장식과 파이핑의 색상을 모두 백색으로 했다.

1902년 9월 20일 개정에 따라 기병에 관한 사항도 추가하면서 홍색과 녹색을 사용하도록 했다. 1897년의 대례의와 같이 기타 병과도 각 바지의 색을 따랐을 것으로 보인다.

1900년 제식 헌병 장교 대례의
Model 1900 Full Dress Tunic for Military Police Officer

1902년 제식 기병 장교 대례의
Model 1902 Full Dress Tunic for Cavalry Officer

1900년 제식 대례의 금장
Model 1900 Full Dress Collar Patches

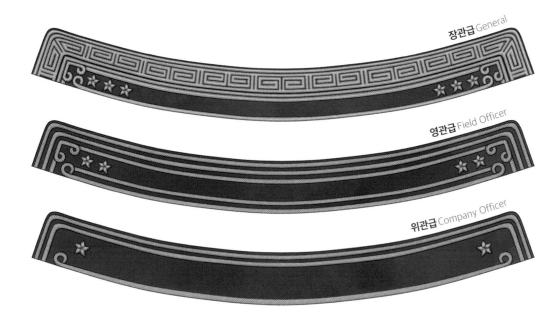

장관급 General

영관급 Field Officer

위관급 Company Officer

금장(의령장) 유물의 다양한 형태

이도재 부장 예복
육군박물관 소장

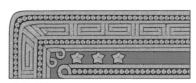

참장 예복
육군박물관 소장

포병 참령 예복
고려대박물관 소장

영친왕 부장 예복
고궁박물관 소장

기병 정위 예복
육군박물관 소장

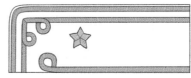

홍철유 헌병 부위 예복
육군박물관 소장

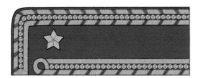

영친왕 부위 예복
고궁박물관 소장

1900년 제식 대례의 수장
Model 1900 Full Dress Sleeve Insignia

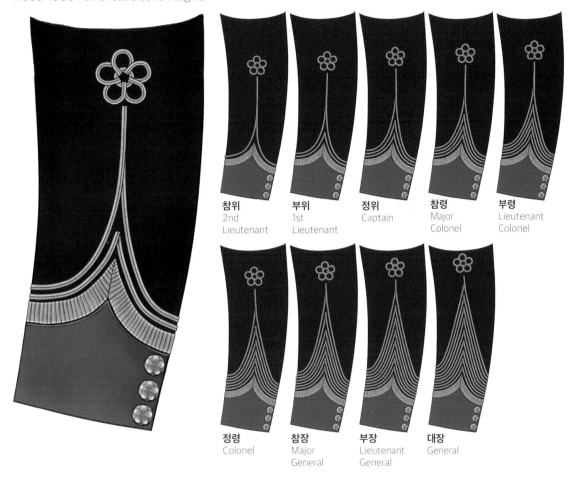

참위 2nd Lieutenant

부위 1st Lieutenant

정위 Captain

참령 Major Colonel

부령 Lieutenant Colonel

정령 Colonel

참장 Major General

부장 Lieutenant General

대장 General

人자 상단 무궁화 장식의 종류

테두리를 양고직으로 하고
안쪽을 수놓은 형태

양고직선으로만
표현한 형태

모두 수를 놓아
표현한 형태

금장은 이전 시기와 동일하나 다만 금사로 장식한 별을 좌우에 추가로 달았는데, 장관급은 3개, 영관급은 2개, 위관급은 1개를 달았다. 이 시기에도 一자형 금사의 사이를 스팽글로 메꿔 더 화려하게 장식하는 등 규정과 형태가 다른 여러 형태가 존재한다.

수장도 이전 시기와 동일하나 계급 표시용 人자형을 금사로 수놓던 것에서 금색 양고직선을 부착하는 것으로 바꾸었고

그 아래에 금실로 정도기자형을 1줄 수놓고 그 아래에 도금 무궁화 무늬 단추를 각 3개씩 달도록 했다. 그러나 규정과 달리 정도기자형 장식은 보이지 않고 금색 편직 띠를 아코디언 형태로 주름을 잡아 붙이는 식으로 제작하였고, 人자형 상단에 수놓는 금색 무궁화도 양고직선으로 간략하게 표현한 것, 테두리만 양고직으로 하고 안쪽은 수를 놓은 것, 모두 수를 놓은 것 등 다양한 형태가 보인다.

1900년 제식 장교 상의
Model 1900 Service Dress Tunic for Officers

1900년 제식 상의 금장
Model 1900 Service Dress Collar Patches

위관급
Company Officer

영관급
Field Officer

장관급
General

1900년 제식 상의는 그 품질과 제식은 대례의와 동일하게 하였으나, 금장은 따로 장식하지 않고 옷깃의 상하단에 홍색 선을 각 1조씩 붙이고 금사로 장식한 별 대신 은색 별을 장관급은 3개, 영관급은 2개, 위관급은 1개를 달았다.

흉부의 정중앙에서 도금 무궁화 무늬 단추 7개로 여미는 싱글 브레스트Single-breasted 형태였고, 뒷자락에 붙이는 파도형의 홍색 융은 흑색 융으로 하는 대신 그 테두리를 홍색 선으로 장식했다. 소맷부리나 깃을 감싸는 융이나 단추도 없고 수장도 금사 양고직선이 아닌 흑색 선으로 했다. 헌병이나 기병의 상의도 이런 형태였으나 대례의와 같이 다색·백색, 홍색·녹색의 품질을 사용하였다.

헌병 상의는 육군박물관 소장 정석용 헌병부위 상복 유물을 토대로 그린 것인데, 흉부 좌우에 규정에 없는 덮개주머니가 달린 것이 특이하다.

1900년 제식 헌병 장교 상의
Model 1900 Service Dress Tunic for Military Police Officer

1902년 제식 기병 장교 상의
Model 1902 Service Dress Tunic for Cavalry Officer

1900년 제식 상의 수장
Model 1900 Service Dress Sleeve Insignia

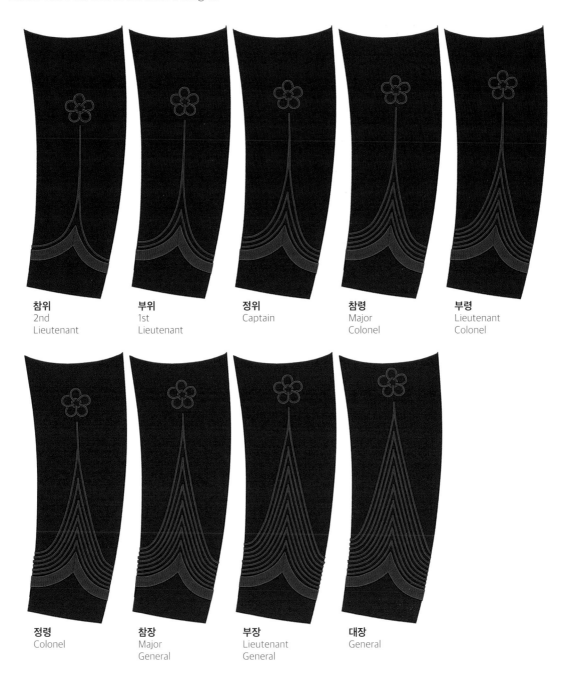

참위
2nd
Lieutenant

부위
1st
Lieutenant

정위
Captain

참령
Major
Colonel

부령
Lieutenant
Colonel

정령
Colonel

참장
Major
General

부장
Lieutenant
General

대장
General

1900년 제식 대례견장
Model 1900 Full Dress Epaulet

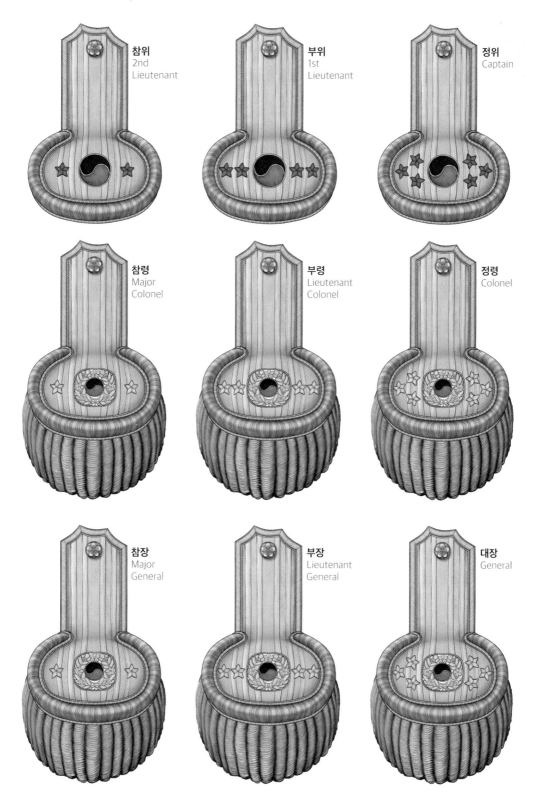

참위
2nd
Lieutenant

부위
1st
Lieutenant

정위
Captain

참령
Major
Colonel

부령
Lieutenant
Colonel

정령
Colonel

참장
Major
General

부장
Lieutenant
General

대장
General

1900년 제식 소례견장
Model 1900 Service Dress Shoulder Board

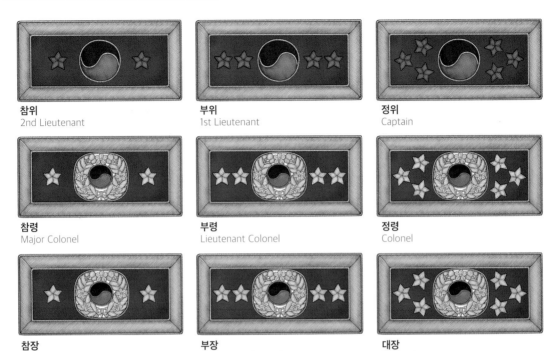

참위
2nd Lieutenant

부위
1st Lieutenant

정위
Captain

참령
Major Colonel

부령
Lieutenant Colonel

정령
Colonel

참장
Major General

부장
Lieutenant General

대장
General

1901년 제식 견장
Model 1901 Epaulet

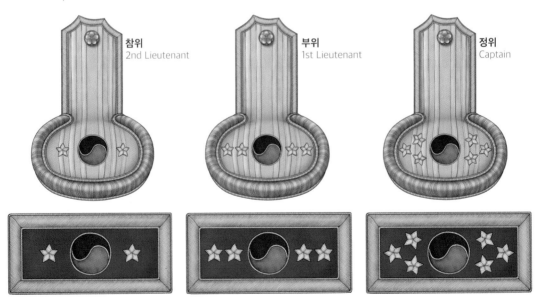

참위
2nd Lieutenant

부위
1st Lieutenant

정위
Captain

1900년 견장의 제식이 일부 변경되었는데, 계급을 표시하는 장식으로 장관급은 금색 별, 영관급은 은색 별, 위관급은 적 색 별을 사용하도록 바꾸었으나 1901년 2월 19일 위관급의 장식을 은색 별로 다시 개정하였다.

1900년 제식 하사졸 상의(추정)
Model 1900 Service Dress Tunic for NCOs & Privates

1901년 제식 하사졸 대례의
Model 1901 Full Dress Tunic for NCOs & Privates

1901년 제식 포병 하사졸 대례의
Model 1901 Full Dress Tunic for Artillery NCOs & Privates

1902년 제식 기병 하사졸 대례의
Model 1902 Full Dress Tunic for Cavalry NCOs & Privates

1901년 제식 헌병 하사졸 대례의
Model 1901 Full Dress Tunic for Military Police NCOs & Privates

1903년 제식 헌병대 하사졸 견장
Model 1903 Shoulder Strap
for Military Police NCOs & Privates

1901년 제식 군악대 대례의 금장
Model 1901 Full Dress Collar Patches
for Military Band

하사졸의 상의는 규정의 개정이 없었으나 1900년 전후로 기존의 후크식 단추에서 무궁화 무늬 단추 5개로 여미는 싱글브레스트Single-breasted 형태의 복식이 보인다. 1901년에는 하사졸의 대례의에 대한 사항이 추가되었는데, 제식은 장교의 대례의와 같으나 흉부 정중앙에서 도금 무궁화 무늬 단추 7개로 여미고, 금장은 붙이지 않으나 군악대는 깃 좌우에 금색의 악기형장을 각 1개씩 붙이게 하였다. 수장은 상의와 같고 모자의 앞에 입전모를 붙이게 하였다.

하사졸의 대례의도 병과별로 다른 색의 대례의를 사용하였는지는 명확하지 않다. 다만 사진이나 그림에서 다른 색의 복식이 확인되고, 1901년도 7월 5일자 헌병대 증설비에 관한 군부 청의서에서 하사 이하 피복비로 '예복 상하 십삼 원禮服上下一十三元', "외투견장금포가례장外套肩章襟布價禮裝을 비교해 보니 식양式樣이 초리稍異한 고로 다른 부대他隊에 비하야 가격이 초고稍高하나이다"라는 기록, 또 1902년 1월 30일자 각 부대 하사졸의 예복비에 대한 청의서에 '포대 하사졸 109명 예복비砲隊士卒一百九人禮服費' 기록과 함께 검은색, 붉은색, 노란색 원단을 구매한 것으로 보아 각 병과 하사졸도 정색의 대례의를 사용했을 가능성이 높다.

1903년 11월 19일에는 헌병대 소속 하사졸의 견장에 '헌憲' 자를 써서 식별하도록 했는데, 사진상에서 헌병의 견장이 둥근 형태이므로 원형 안에 '憲' 자를 장식한 형태로 보인다.

1900년 제식 바지
Model 1900 Trousers

1905년 제식 군의관 바지
Model 1905 Trousers Willow-green
Piping for Surgeon

1901년 제식 군악대 바지
Model 1901 Trousers
for Military Band

1900년 제식 헌병 바지
Model 1900 Trousers White Piping
for Military Police

바지의 제식은 다음과 같이 일부 개정되었다. 1900년 헌병 바지의 측장 색을 흰색으로 하였고, 1901년에는 군악대의 바지는 홍색 융질로 만들고 거기에 흑색으로 측장을 붙이도록 하였다. 1905년에는 군의의 바지 측장을 기존의 옥색에서 유록색을 사용하도록 개정하였다.

1904년 제식 현장
Model 1904 Sash

1904년 현장에 대한 규정이 개정되었다. 고등부관(여단급 이상)은 부관장을 멨는데 황색을 사용하였고, 주번 근무 시에는 홍색을 사용하도록 했다.

제4장

1906

복장 규칙의 세분화와
일부 제식 개정

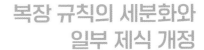

1906년 5월 22일 새로운 「육군복장규칙」이 반포되었다. 복장의 착용에 대한 규정이 이전보다 더 세밀해져, 기존의 4종으로 구분하던 차림새가 대례장·예장·반예장·상장·군장 5종으로 늘어났다. 대례장·군장·상장은 육군의 장·영·위관과 준사관, 하사졸과 상당관 모두가 착용하게 하였고, 예장과 반예장은 장교만 착용하게 하였다.

구분	대례장 Ceremonial Dress	예장 Full Dress	반예장 Semi-Full Dress	상장 Sevice Dress	군장 Combat Dress
착용 상황	• 성절·경절에 문안 및 진하·폐견 시 • 환구단·묘사전궁에 동가할 시 • 능원에 행행할 시 • 장충단에 치뢰致酹할 시 • 관병식과 의장을 위해 출장할 시 • 관고[1]와 훈장을 지수[2]할 시 • 일반 예복을 착용할 시 • 자가自家의 하의장제 시 (하사 이하는 친족의 하의장제 시에도 착용)	• 궁 내에서 어연 및 인공진견할 시 • 예절있게 상관을 대할 시 • 각종 공식 연회와 여러 하의에 임할 시 • 친족의 하의장발 시	• 보직 및 명과의 사령서를 배수[3]할 시 • 천람[4]하시는 장소에 임해 시배[5]할 시 • 통상 연회에 임할 시 • 일반 하의에 참가할 시	공사 막론 항상 착용	• 출전 및 주둔할 시 • 비상 출병 시 • 군대의 모든 근무 시 • 위수 및 주번근무 시 • 대연습 및 기동연습 시 • 별도 필요한 야외 연습 시
착용 복식	예모, 입전모, 대례의, 바지, 예견장, 식대, 도검, 정서, 장갑, 하금, 신발	예모, 대례의, 바지, 예견장, 도검, 정서, 장갑, 하금, 신발	모, 군의, 바지, 소견장, 도검, 정서, 장갑, 하금, 신발	모, 군의, 바지, 소견장, 도검, 도검서, 장갑, 하금, 신발	모, 군의, 바지, 도검, 도검서, 장갑, 하금, 신발 등

「육군복장규칙」은 제1장 총칙, 제2장 장교의 복장, 제3장 하사졸의 복장으로 되어 있고, 2장과 3장은 다시 통칙과 각 차림새로 구분된다. 총칙의 내용을 살펴보면, 하복은 염서제 기간(6월 1일~9월 30일)에 상장과 군장 차림에 착용하고 여름 바지는 백색·다갈색·토색을 모두 사용할 수 있게 했다. 염서제 기간 외에는 반예장 차림 시 착용이 가능했으나, 장관용 흰색 바지는 반예장·상장·군장 차림 시에 장화를 착용할 때만 착용하도록 했다.

일복(해가림)은 염서제 기간 군장·상장 차림 시 상모에 부착해 사용하도록 했고, 외투는 어떤 복장을 막론하고 비나 눈이 올 때나 방한을 위해 실외에서 착용하도록 했다. 군장·상장 차림 시에는 방한을 목적으로 실내에서도 착용이 가능했는데, 다만 관병식 등 의식이 있을 때나 상관의 거실 안에서는 착용할 수 없었다. 우부雨覆는 외투와 함께 착용함이 원칙이나 때에 따라 우부만을 착용해도 무방하였다.

턱끈 착용에 대한 규칙도 제정되었는데, 어떤 복장을 막론하고 대오에 있을 때 반드시 착용하여야 하며 그 외의 경우에는 각자 편의에 따르게 했다.

훈장 등의 패용에 대한 사항도 추가되었는데, 모든 복장에 패용하며 대훈위·훈1등·공1등장의 정장은 대례장과 예장 차림 시에만 패용하고 군장과 반예장에는 부장만 패용하였으며 상장과 군장 차림 시에는 때에 따라 패용하지 않을 수 있었다.

---

1 임금의 명령. 교지
2 임금이 내려 주는 물건을 공경하여 받음
3 삼가 공손히 받음

4 임금이 직접 눈으로 봄
5 항상 곁에 따라다니며 시중을 듦

제2장 장교의 복장 통칙을 살펴보면, 소견장은 대례장을 제외한 모든 복장에 착용하도록 했으나 복무 중에는 편의에 따라 제거할 수 있었다. 도는 장관 및 각 병과의 영·위관·준사관과 군악장이 패용하고, 검은 장관급 상당관과 사계·군사·군의·수의부의 영·위관 상당관이 패용하였다. 승마바지는 어떤 복장을 막론하고 장화를 신을 때만 착용하였으며 염서제 기간에는 여름용 바지를 승마바지 형태로 개조해서 착용해도 무방하였다.

대례장 착용 시 기병 장교는 장화를 신고 기타 장교는 단화를 신되, 야전포병·치중병 장교가 대오에 열할 시에는 장화를 신도록 하였고, 염서 시에는 의식에 참여할 때를 제외하고 여름 바지를 착용할 수 있게 했다.

예장 착용 시에는 기병 장교는 장화를 신고 기타 장교는 모두 단화를 신었다.

반예장에는 예모를 착용하는 게 원칙이나 시의에 따라 상모도 착용하게 했으며, 기병 장교는 승마바지에 장화를 신고 기타 장교는 모두 단화를 신게 했다. 다만 기병은 아니나 승마가 본분인 장교도 각자의 편의에 따라 승마바지에 장화를 신어도 무방하였다.

상장은 반예장과 동일하였으나 예모와 상모를 겸용할 수 있게 하였고, 단화 또는 장화를 착용하는 것과 각반을 메는 것은 각자의 편의에 따르게 하였다.

군장의 경우 예모를 착용하는 게 원칙이나 시의에 따라 상모도 착용하였고, 승마가 본분인 장교는 반드시 승마바지에 장화를 착용하고 그 외는 단고에 각반을 착용하였다. 승마가 본분이 아닌 위관장교는 배낭을 메었으나, 주번이나 위수 순찰 시에는 사정에 따라 각반이나 배낭을 메지 않을 수 있었다. 배낭에는 우부나 외투를 말아서 부착하게 하였고, 배낭을 메지 않을 경우 우부나 외투를 말아서 어깨에 비스듬히 두르도록 했으나 시의에 따라 두르지 않아도 무방하였다.

구분	대례장의 마장	예장의 마장	반예장의 마장	군장의 마장
착용 상황	대례장을 착용한 채 승마하는 경우	예장을 착용한 채 승마하는 경우	반예장을 착용한 채 승마하는 경우	군장을 착용한 채 승마하는 경우
착용 장구	• 굴레頭絡 예비용 턱밑사슬轡鎖 및 코굴레鼻革 포함 • 대륵재갈轡銜과 턱밑사슬轡鎖 • 소륵재갈副銜 • 대륵고삐轡 • 소륵고삐副轡 • 안장鞍 • 안장깔개鞍褥 • 등자鐙 • 등자끈粗 • 안낭鞍囊 • 안낭덮개鞍囊外覆 • 뱃대끈腹帶 • 가슴걸이後鞦 • 밀치끈胸鞦	• 굴레頭絡 예비용 턱밑사슬轡鎖 및 코굴레鼻革 포함 • 대륵재갈轡銜과 턱밑사슬轡鎖 • 소륵재갈副銜 • 대륵고삐轡 • 소륵고삐副轡 • 안장鞍 • 안장깔개鞍褥 • 등자鐙 • 등자끈粗 • 뱃대끈腹帶 • 가슴걸이後鞦 • 밀치끈胸鞦	• 굴레頭絡 예비용 턱밑사슬轡鎖 및 코굴레鼻革 제거 • 대륵재갈轡銜과 턱밑사슬轡鎖 • 소륵재갈副銜 • 대륵고삐轡 • 소륵고삐副轡 • 안장鞍 • 안장깔개鞍褥 • 등자鐙 • 등자끈粗 • 안낭鞍囊 • 안낭덮개鞍囊外覆 • 뱃대끈腹帶 • 가슴걸이後鞦 • 밀치끈胸鞦	• 굴레頭絡 예비용 턱밑사슬轡鎖 및 코굴레鼻革 포함 • 대륵재갈轡銜과 턱밑사슬轡鎖 • 소륵재갈副銜 • 대륵고삐轡 • 소륵고삐副轡 • 안장鞍 • 안장깔개鞍褥 각자의 편의로 상응하는 깔개를 사용해도 무방 • 등자鐙 • 등자끈粗 • 뱃대끈腹帶

제3장 하사졸의 복장 역시 통칙과 각 차림새로 구분하였는데, 통칙은 도나 검은 어느 복장을 막론하고 군의 위에 혁대를 결합하여 패용하나 기병은 군의 밑속에 패용하게 했다. 외투를 착용할 때는 검·포병도·도보도는 외투 위에 패용하고 기타 도는 외투 안에서 결합해 자루를 좌측 구멍으로 나오게 하였고, 대오에 열할 시에는 조혁釣革을 구멍으로 나오게 해 도를 외면에 나오게 했다. 지급받은 장갑을 모든 복장에 착용하나, 개인이 마련한 자는 대오에 열하지 않을 때는 착용하지 않아도 무방하였으며 금포는 옷깃보다 좁게 포개어 접어서 목에 감아 착용하였다.

고구라(대한제국에서 자체 생산하던 라사의 한 종류)제 의류는 병졸이 평상시 주둔지 내에 있을 때나 체조·교련 등을 할 때 착용하며 부대장의 허가를 받아 융으로 만든 의류를 착용할 수 있었다.

장화·반장화는 바지 위로 착용하며 각반과 단화는 대례장 시에는 바지 안으로, 군장 시에는 바지 위로 착용하도록 했다.

대례장 착용표

공통사항			모자, 입전모, 상하의, 금포, 신발			
보병		정교	도, 단화, 각반(바지 아래)	공병	정교	포병하사와 같음
		부교 이하	혁대, 총, 총검, 단화, 각반(바지 아래), 탄약합, 배낭(외투를 부착), 각종 휴대기구		부교 이하	혁대, 총, 총검, 단화, 각반(바지 아래), 탄약합, 배낭(외투를 부착), 각종 휴대기구
헌병		정교	도, 반장화		제諸 공장	도보도, 단화, 각반(바지 아래)
		부교 이하	도, 반장화(바지 위), 권총(경찰 근무 시)	기병	정교	도, 장화
포병	요새 포병	정교	도, 단화, 각반		부교 이하	도, 장화, 총 혹은 창(대오에 열하는 자), 탄약합(총을 휴대하는 자)
		부교 이하	혁대, 총, 총검, 단화, 각반(바지 아래), 탄약합, 배낭(외투를 부착)		제諸 공장	기병하사와 같음
		제諸 공장	도보도, 단화, 각반(바지 아래)	치중병	정교	도, 반장화(혹 단화)
	야전 포병	정교	도, 반장화(바지 위, 보급이 없을 경우 단화(바지 아래))		부교 이하	도, 반장화(바지 위), 총과 탄약합(대오에 열하는 자), 당분간 야전포병에 준함
		부교 이하	포병도, 반장화(바지 위, 보급이 없을 경우 단화(바지 아래)) 대오에 열할 때 도보하는 자는 배낭 (외투를 부착)		제철 공장	치중병 하사와 같음
		제諸 공장	포병도, 단화, 각반(바지 아래)	회계/군의/ 군악대 하사		도보도, 단화, 각반(바지 아래)
	부대부속 포병단鍛공장		해당 부대 하사와 같음			
	제철공장		포병 하사와 같음	봉화縫靴공장 봉화공		소속부대 하사졸과 같음

부대 외에서 봉직하는 부교, 참교는 군도를 패용하는 게 가능함.

군장	상장
아래 사항을 제외하고 대례장 착용표와 같음. • 입전모를 부착하지 않음. • 수통을 휴대함. • 보병·공병·요새포병대는 잡낭을 휴대함. • 부대에 속하는 자중 도보하는 사람은 모두 배낭을 부착함(봉공장, 화공장과 포병대감호, 기병대와 포병대의 제공장과 하장들은 제외함). 단, 출전 또는 출주 시나 비상시 외 출병 시에는 부대 외의 사람도 배낭을 부착함. • 배낭을 부착하는 자는 거기에 반합과 예비화를 부착하며 시기에 따라 모포를 부착함. • 각반을 메는 경우 바지 위로 착용함.	• 대개 군장과 같이 착용함 • 상장에는 보병, 기병, 포병, 공병, 헌병, 치중병의 부교 이하를 적용하지 않으나, 단 각반을 바지 아래에 착용하는 것은 적당히 선택하며 그 부대 외에서 봉직하는 자는 각자의 편의에 따라 각반을 착용하지 않아도 무방함.

1906년 1월 3일 군대경리규정이 반포되었다. 각 부대에 다음 표와 같이 피복위원을 두고 피복 관련 사무를 관장하게 하였는데, 하사 이하의 군인에게 점차로 표와 같이 피복을 지급하도록 하였으며, 피복품 중 모자, 상하의, 외투, 배낭, 모포에는 제작 연월과 공용 연월, 부대명과 본인의 성명을 부착하게 했다.

피복위원의 구성

종별	피복위원	
구분	보병대대	기병대/포병대/공병대
위원	정위 수석 위관 1인 군사 1인	부위 수석 부(참)위 1인 군사 1인
부속원	계수	정교 또는 부교

피복정수표

품목	정수	장용		
		제1장	제2장	제3장
모자	3개	정장 및 군장	상용	상용
겨울 상하의 견장	3건	정장 및 군장	상용	상용
여름 상하의	3건	군장 및 상용	상용	상용
외투	1건	정장 군장 및 상용		
단화	1켤레	정장 및 군장	상용	상용
배낭	1개	정장 군장 및 상용		

육군 포병 참령의 예장 차림

Artillery Major Colonel in Ceremonial Dress Uniform

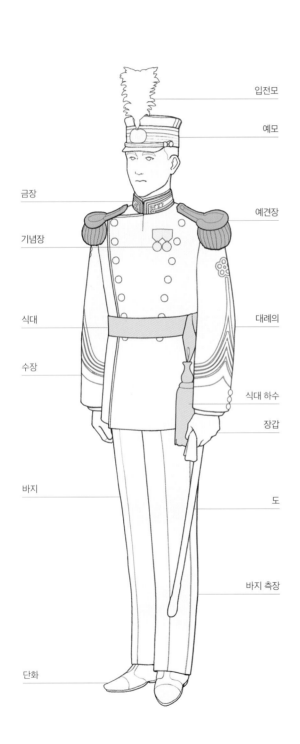

입전모

예모

금장

예견장

기념장

식대

대례의

수장

식대 하수

장갑

바지

도

바지 측장

단화

육군 헌병 정위의 예장 차림
Military Police Captain in Full Dress Uniform

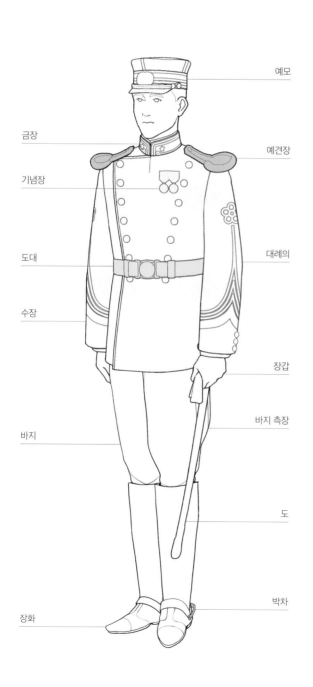

예모

금장

기념장

예견장

도대

수장

대례의

장갑

바지

바지 측장

도

박차

장화

육군 보병 참령의 반예장 차림

Infantry Major Colonel in Semi-Full Dress Uniform

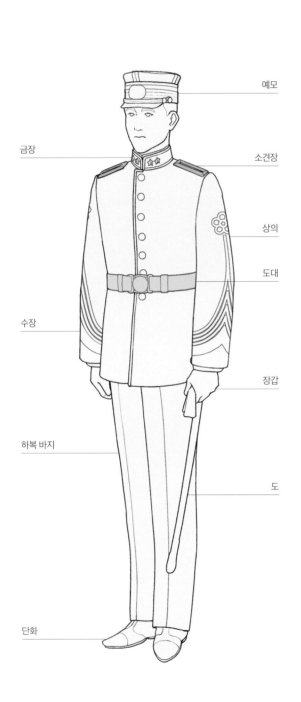

- 금장
- 수장
- 하복 바지
- 단화
- 예모
- 소견장
- 상의
- 도대
- 장갑
- 도

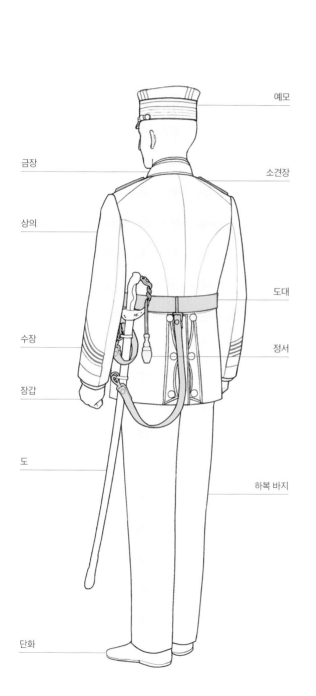

예모

금장

소견장

상의

수장

도대

장갑

정서

도

하복 바지

단화

육군 보병 참위의 상장 차림
Infantry 2nd Lieutenant in Service Dress Uniform

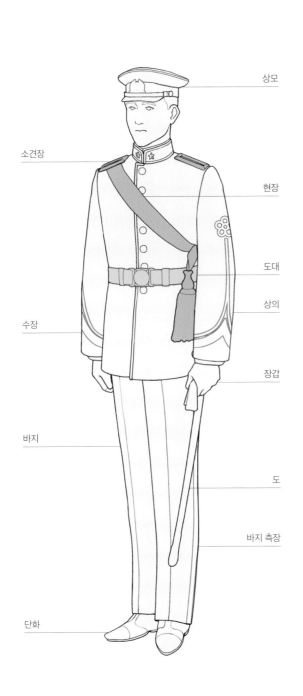

상모

소견장

현장

도대

상의

수장

장갑

바지

도

바지 측장

단화

육군 참장의 여름 상장 차림

Major General in Summer Service Dress Uniform

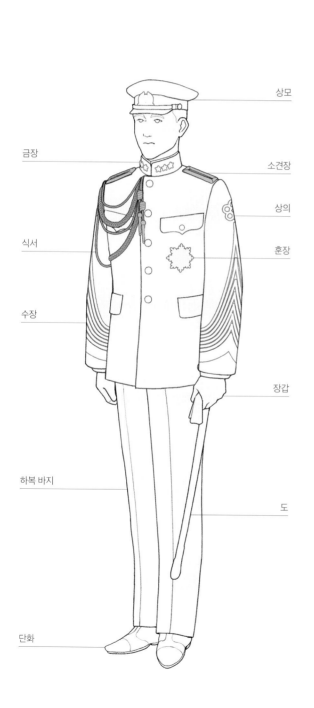

상모

금장

소견장

상의

식서

훈장

수장

장갑

하복 바지

도

단화

육군 보병 참위의 군장 차림

Infantry 2nd Lieutenant in Combat Dress Uniform

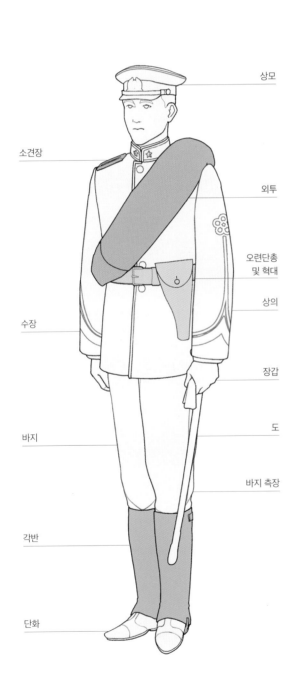

상모

소견장

외투

오련단총
및 혁대

상의

수장

장갑

도

바지

바지 측장

각반

단화

헌병 상등병의 대례장 차림

Military Police Corporal in Ceremonial Dress Uniform

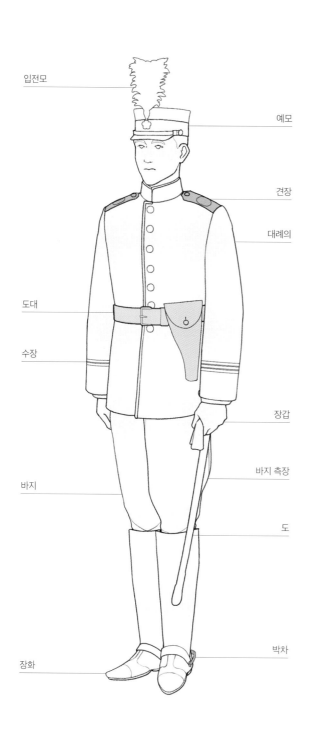

입전모

예모

견장

대례의

도대

수장

장갑

바지 측장

바지

도

박차

장화

야전포병 부교의 대례장 차림

Field Artillery 2nd Private in Ceremonial Dress Uniform

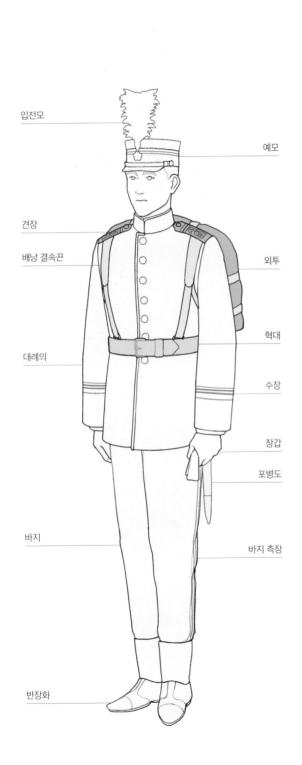

입전모

예모

견장

배낭 결속끈

외투

대례의

혁대

수장

장갑

포병도

바지

바지 측장

반장화

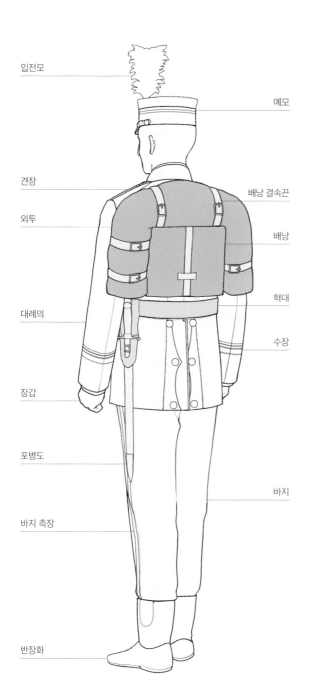

입전모

견장

외투

대례의

장갑

포병도

바지 측장

반장화

예모

배낭 결속끈

배낭

혁대

수장

바지

보병 이등병의 군장 차림

Infantry 2nd Private in Combat Dress Uniform

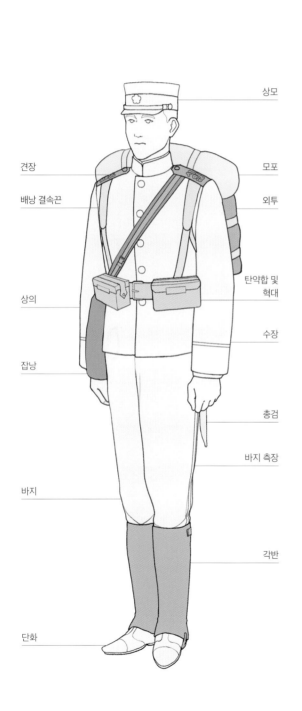

상모

모포

외투

탄약합 및
혁대

수장

총검

바지 측장

각반

견장

배낭 결속끈

상의

잡낭

바지

단화

상모

모포

반합

탄약합 및
혁대

수통

잡낭

바지

각반

배낭 결속끈

외투

예비화

상의

수장

총검

바지 측장

단화

1906년 제식 장교·준사관 상모
Model 1906 Service Dress Cap
for Officer·Warrant Officer

1906년 2월 15일 상모의 제식이 개정
되었고 동년 5월 1일부터 시행하도록 했다.
정수리 형태는 평원형으로 하고 상단부는 흑색
융, 하단부는 홍색 융질을 사용했으며, 정수
리와 상단이 접하는 부분에 홍색 융으로
얇은 선을 붙여 둘렀다. 이화를 중심으로
무궁화가지가 둘러싼 형태의 도금주제 모
표를 붙였고 턱끈은 검은색 가죽으로 만들었으
며 장·영·위관과 상당관이 모두 같은 형태를 착용하도록
했다.

1906년 제식 도대
Model 1906 Sword Belt

도나 검은 대례의와 군의를 착용할 때는 옷의 위에, 여름 옷
을 착용할 때는 옷의 밑 속에 도대를 결합해 패용하나, 도는
실내외를 막론하고 어느 경우든 상부의 고리를 도대의 고리
에 걸어서 휴대하되 승마 시에는 걸지 않았다.
1906년 12월 15일 도대에 관한 제식이 일부 변경되었는데,
장관급은 기존의 금사광직제 도대는 대례장·예장·반예장 차
림에 사용하고, 군장·상장 차림에는 영관급용 도대를 사용하
게 했다. 영관급 도대는 가죽제로 안쪽을 홍색으로, 위관급은
영관과 같으나 안쪽을 청색으로 하게 했으며 영·위관의 도대
는 어떤 복장을 막론하고 병용하게 했다. 상장 차림 시 승마
가 본분인 장교는 도대의 조혁釣革을 조쇄釣鎖로 바꾸어 착
용해도 무방하였다.

1907

제5장

군대 해산과
일본식 군복 제도

군대 해산과
일본식 군복 제도

1907년 일본군은 군 유지비에 막대한 비용이 든다는 점과 징병법에 따라 새로운 군대를 만들기 위해 기존의 군대를 정리한다는 명목으로 8월 1일 대한제국의 군대를 해산하였다. 무관학교는 군부 밑에 두고 시위혼성여단과 지방 방어부대인 진위부대도 해제했는데, 이 과정에 반발한 시위대가 남대문 근처에서 일본군과 전투를 벌이기도 하였다. 이어 황실의 근위 의장 임무를 위한 최소한의 병력으로 기존의 시위 2연대 2대대를 근위보병대대로 개편하고 근위기병대도 소수만 남게 되었다. 1907년 10월 1일에는 육군복장제식이 전면 개정되었는데, 그 내용을 살펴보면 일본군의 1905년식 군복과 유사한 형태로, 이 복식은 일부 군부 인사와 근위대에게만 적용되었다. 이후 1909년에 들어서는 군부와 무관학교도 해체하였고, 1910년 한일합병으로 허울뿐이던 군대마저 일본군에 완전히 흡수되어 이후 광복 시기까지 자주적인 군복 발전의 역사는 단절되었다.

육군 사계감의 대례장 차림

Accountant(Major General) in Ceremonial Dress Uniform

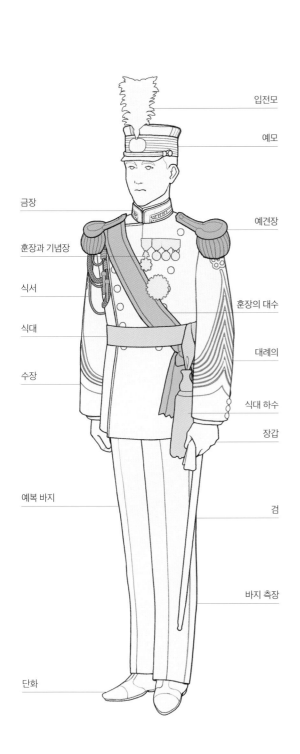

입전모

예모

금장

예견장

훈장과 기념장

식서

훈장의 대수

식대

대례의

수장

식대 하수

장갑

예복 바지

검

바지 측장

단화

육군 1등군의의 예장 차림

Army Surgeon(Captain) in Full Dress Uniform

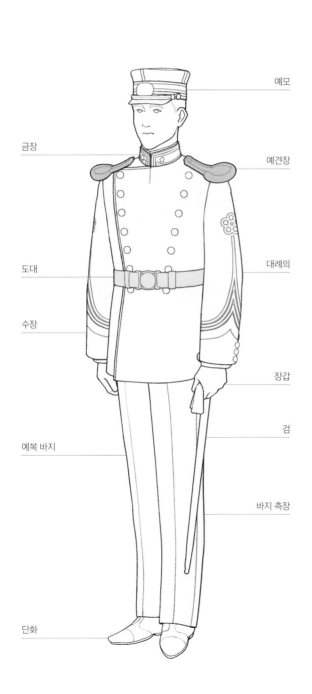

예모

금장

예견장

도대

대례의

수장

장갑

검

예복 바지

바지 측장

단화

육군 기병 참령의 반예장 차림

Cavalry Major Colonel in Semi-Full Dress Uniform

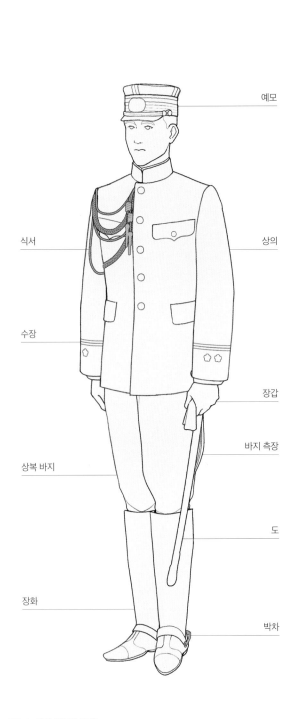

예모

상의

장갑

바지 측장

도

박차

식서

수장

상복 바지

장화

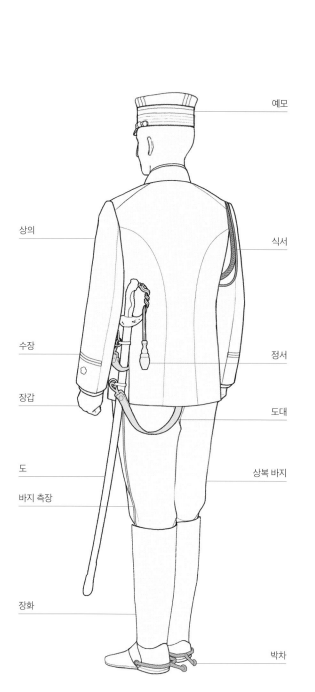

예모

상의

식서

수장

정서

장갑

도대

도

상복 바지

바지 측장

장화

박차

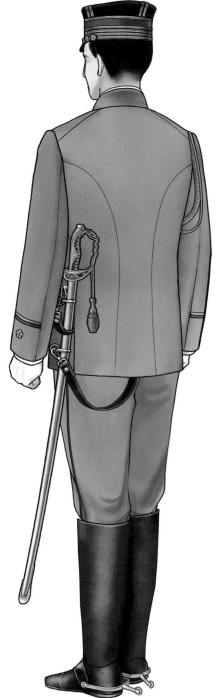

육군 무관학교 생도의 상장 차림

Imperial Army Academy Cadet in Service Dress Uniform

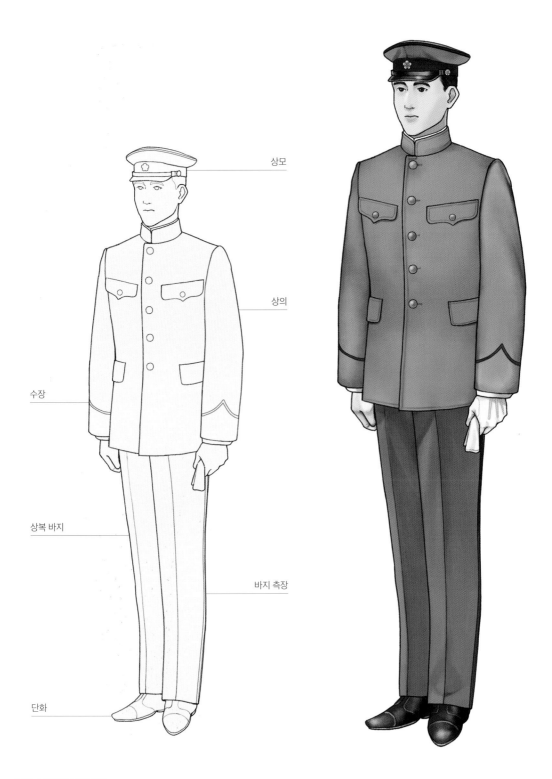

상모

상의

수장

상복 바지

바지 측장

단화

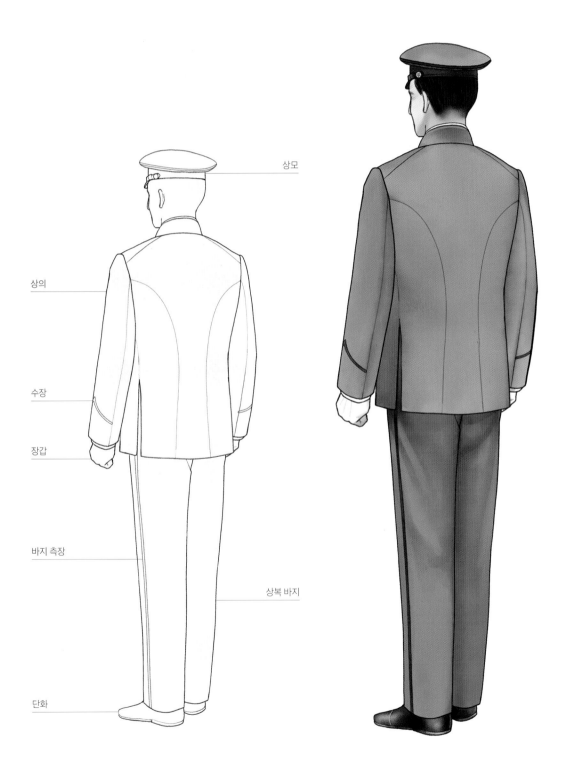

상모

상의

수장

장갑

바지 측장

상복 바지

단화

육군 보병 참위의 군장 차림
Infantry 2nd Lieutenant in Combat Dress Uniform

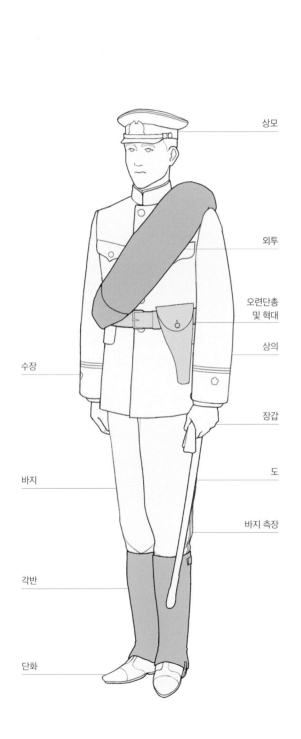

상모

외투

오련단총
및 혁대

상의

장갑

도

바지 측장

수장

바지

각반

단화

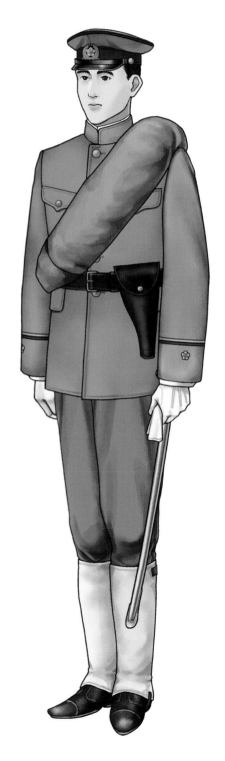

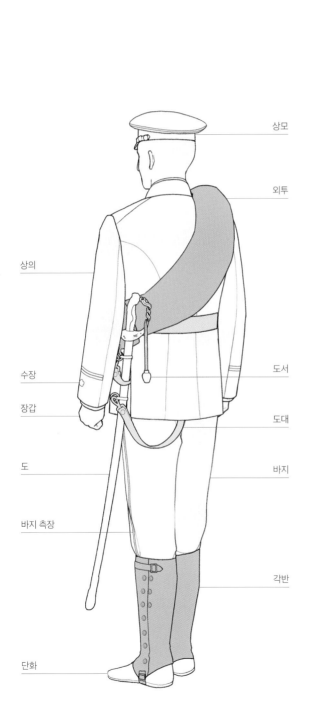

상모

외투

상의

수장

장갑

도

바지 측장

단화

도서

도대

바지

각반

육군 보병 위관급 장교의 외투 차림

Infantry Company Officer in Greatcoat

상모

두건

외투

수장

장갑

도

상복 바지

바지 측장

단화

상모

두건

외투

수장

도서

도

상복 바지

바지 측장

단화

육군 승마장교의 견폐 차림
Mounted Officer in Cape Coat

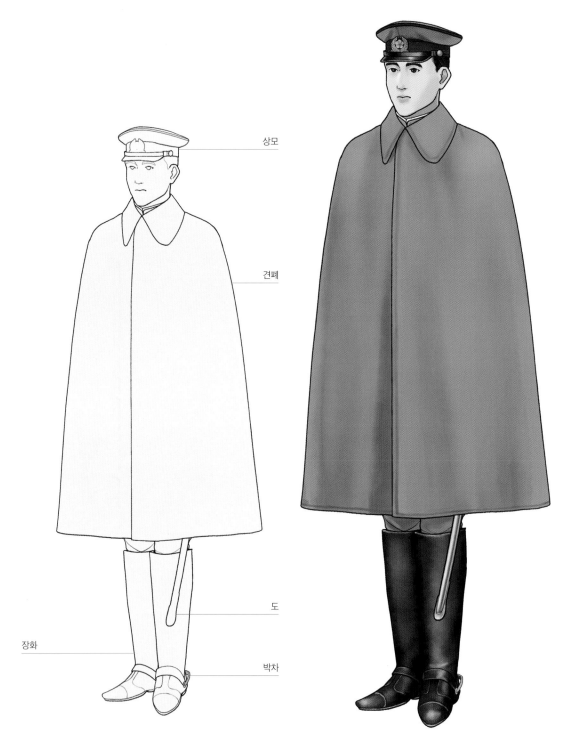

상모

견폐

도

장화

박차

육군 정위의 여름 상장 차림

Captain in Summer Service Dress Uniform

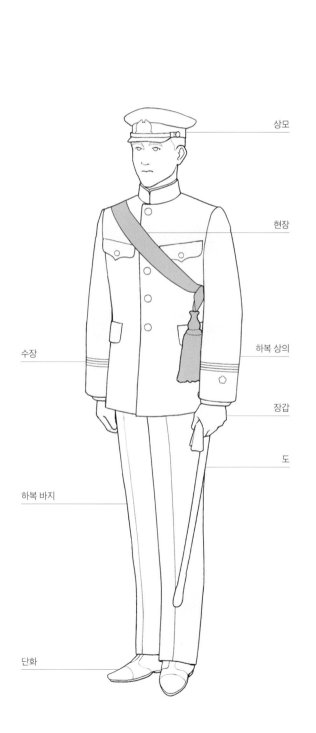

상모

현장

하복 상의

장갑

도

수장

하복 바지

단화

1907년 제식 장교·준사관 예모
Model 1907 Full Dress Cap for Officer·Warrant Officer

예모는 이전 시기의 정모와 제식이 동일하였는데, 상부는 흑색 융질, 하부는 병과 정색을 따르게 했으며 준사관은 계급선을 붙이지 않도록 하였다. 장교 및 준사관의 상모는 원형 모양으로 일반적인 정모 형태이며 정수리 부분은 다갈색 융질로, 하부는 너비 8분(약 2.4cm)의 홍색 융으로 만들고 정수리와 상단이 접하는 부분에 홍색 융으로 얇은 선을 붙여 둘렀

다. 이화를 중심으로 무궁화 가지가 둘러싼 형태의 도금주제 모표를 붙이고 검은색 가죽제 턱끈의 양끝은 도금주제 이화 무늬 단추로 고정했고, 전면 하부에 반월형의 검은색 가죽제 차양을 붙였다. 하사졸과 무관생도의 상모도 이와 같이 만들었으나 모표로 너비 4분(약 1.2cm)의 무궁화 가지 장식이 없는 도금주제 이화 문양을 붙이는 것이 차이점이었다.

1907년 제식 장교·준사관 상모
Model 1907 Service Dress Cap for Officer·Warrant Officer

1907년 제식 하사졸·무관생도 상모
Model 1907 Service Dress Cap for NCOs & Privates·Cadet

1907년 제식 대례의
Model 1907 Service Dress Tunic

대례의의 제식은 이전 시기와 동일하게 흑색 융질(기병장교
는 홍색 융질)로 만들어졌으며 깃과 소맷부리에 감싸는 융단
의 색상은 각 병과의 정해진 색을 따르게 했다. 단추나 수장

의 무궁화도 이화형으로 개정되었지만 유물에서 별다른 차
이는 보이지 않는다. 준사관의 예복의 경우 참위와 같으나 계
급선을 붙이지 않았다.

1907년 제식 상의
Model 1907 Service Dress Tunic

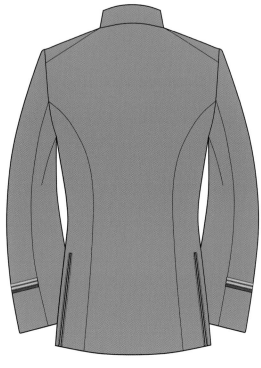

상의는 다갈색 융질로 길이는 목덜미에서 배 아래와 다리 부
위까지이고 흉부 중앙에서 도금제 원형 단추 5개로 여미는
싱글브레스트Single-breasted 형태였다. 흉부와 복부 좌·우에
속붙임덮개주머니를 1개씩 부착하는데 흉부 좌우 주머니의
덮개에는 도금제 소형 원형 단추 1개를 부착했다. 수장은 소
맷부리 앞에서 2촌(약 6.06cm) 위에 도금제 소형 이화 무늬
단추를 가로로 달았는데, 장관급은 3개, 영관급은 2개, 위관
급은 1개였다. 그 위에 영·위관은 각 병과의 정색으로 가는 융
선을 두르고 다시 그 위에 다갈색 선을 달았는데, 대장·정령·
정위는 각 3줄, 부장·부령·부위는 각 2줄, 참장·참령·참위는
각 1줄을 一자형으로 부착했다. 준사관의 상의는 참위와 같
으나 계급선을 붙이지 않았다.
하사졸과 무관생도의 상의는 다갈색 융질로 장교 상의와 동

일한 제식으로 하되 수장은 소맷부리 앞에서 2촌 위에 각 병
과의 정색으로 가는 융선을 가로로 두르고 그 다음에 다갈색
융으로 하사는 너비 3분(약 0.9cm) 1줄, 그 위 정교는 가는
선 너비 1분(약 0.3cm) 3줄, 부교는 2줄, 참교는 1줄을 부착
하여 계급을 구분했다.
병졸은 너비 3분의 줄 없이 병과 정색의 가는 융선 위에 다갈
색 가는 선을 상등병 3줄, 일등병 2줄, 이등병 1줄을 붙였다.
무관생도의 수장은 소맷부리 앞에서 2촌 위에 홍색의 가는
융선 1줄을 人자형으로 부착하고 단추의 재질을 적동赤銅제
로 했다. 여름용 상의는 다갈색 명주나 면직물로 제작하였는
데 그 제식은 겨울용 상의와 동일하였으나, 영·위관과 하사졸
의 소맷부리에 부착하던 병과 정색의 융선 없이 무관생도의
수장으로 다갈색 가는 선을 사용한 것이 차이점이었다.

1907년 제식 상복 수장

Model 1907 Service Dress Sleeve Insignia

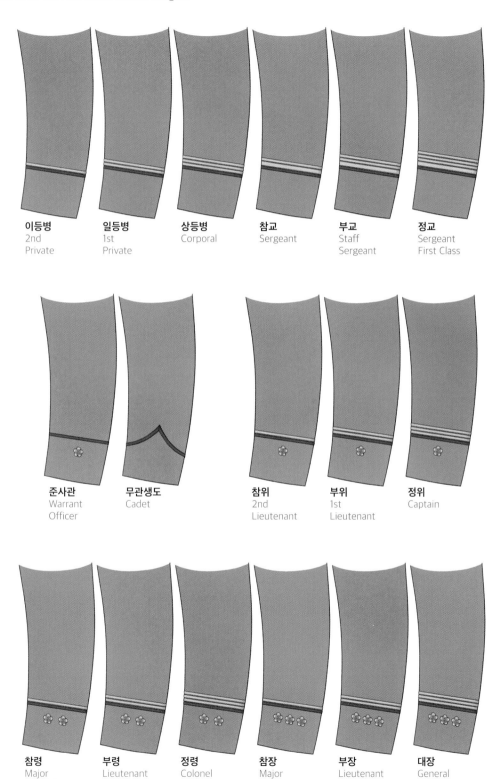

이등병
2nd
Private

일등병
1st
Private

상등병
Corporal

참교
Sergeant

부교
Staff
Sergeant

정교
Sergeant
First Class

준사관
Warrant
Officer

무관생도
Cadet

참위
2nd
Lieutenant

부위
1st
Lieutenant

정위
Captain

참령
Major
Colonel

부령
Lieutenant
Colonel

정령
Colonel

참장
Major
General

부장
Lieutenant
General

대장
General

1907년 제식 하복 수장
Model 1907 Summer Dress Sleeve Insignia

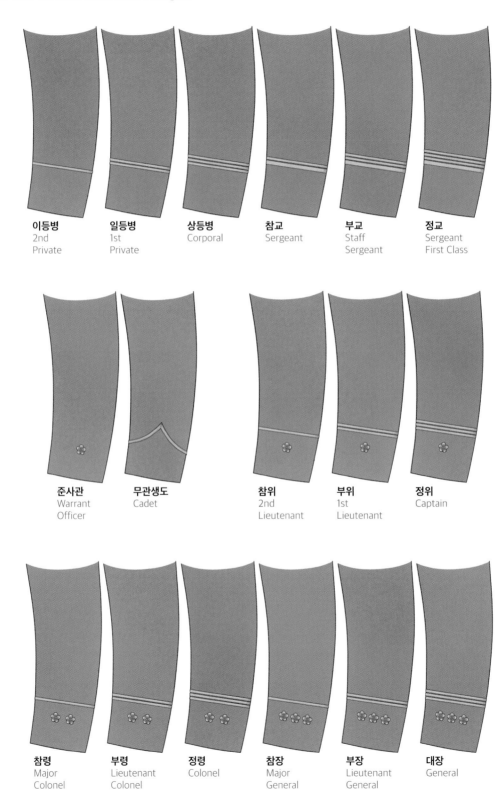

이등병
2nd
Private

일등병
1st
Private

상등병
Corporal

참교
Sergeant

부교
Staff
Sergeant

정교
Sergeant
First Class

준사관
Warrant
Officer

무관생도
Cadet

참위
2nd
Lieutenant

부위
1st
Lieutenant

정위
Captain

참령
Major
Colonel

부령
Lieutenant
Colonel

정령
Colonel

참장
Major
General

부장
Lieutenant
General

대장
General

1907년 제식 예복 바지
Model 1907 Full Dress Trousers

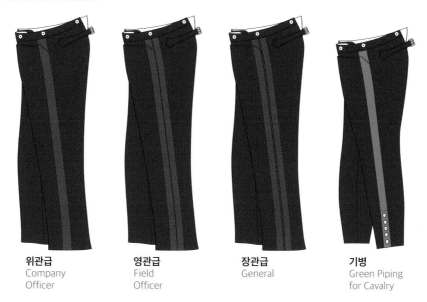

위관급
Company
Officer

영관급
Field
Officer

장관급
General

기병
Green Piping
for Cavalry

1907년 제식 상복 바지
Model 1907 Service Dress Trousers

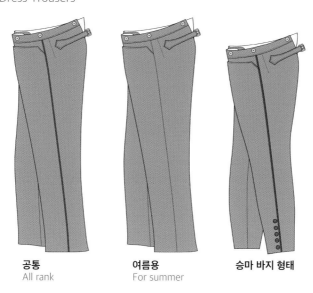

공통
All rank

여름용
For summer

승마 바지 형태

1907년에는 바지가 예복 바지禮袴와 상복 바지常袴로 분리되었다. 예복 바지는 장교만 착용하였고 기병 장교는 승마 바지 형태였다. 흑색 융에 길이는 체형에 맞춰 복부에서 발꿈치 아래까지 닿게 하였다. 장관급은 측장을 중앙에 1분(약 0.3cm) 너비 1조, 좌우에 6분(약 1.8cm) 너비 각 1조로 하고 영관급은 6분 너비 2조, 위관급은 1촌(약 3.03cm) 너비 1조를 부착하게

했고, 색상은 각 병과 정색에 따르게 하였다.

상복 바지는 모든 계급이 착용하였고 다갈색 융으로 만들었다. 승마할 때는 편의에 따라 승마 바지 형태를 입을 수 있었고 측장으로 계급에 상관없이 홍색의 가는 융선을 1줄 부착했다. 여름용 바지는 다갈색 명주나 면직물로 제작하였는데 그 제식은 겨울용 바지와 동일하였으나 측장을 달지 않았다.

1907년 제식 외투
Model 1907 Greatcoat

외투는 다갈색 융질로 길이는 목에서 무릎 아래까지이고 깃을 여미거나 앞을 헤칠 수 있는 컨버터블 카라 형태로, 상의에 부착하는 것과 같은 도금제 원형 단추를 앞면 좌우에 각 5개씩 부착하였다. 뒷면 엉덩이 아래 부위는 트이게 해서 뿔 단추 3개를 숨겨 달았고 트임 위에 一자형 다갈색 융과 함께 원형 단추 4개를 가로로 달았다. 수장의 경우 상의 수장과 같으나 계급 선을 달지 않았다.

하사졸의 외투는 적동제 원형 단추를 앞면 좌우에 각각 5개씩 부착하였고 수장은 소맷부리에서 2촌 위에 일자형으로 병과 정색의 가는 선을 달았는데, 너비는 하사관은 3분(약 0.9cm), 병졸은 2분(약 0.6cm)이었다. 무관생도는 수장으로 병과 정색의 융선을 人자형으로 부착했다.

1907년 제식 외투 수장
Model 1907 Greatcoat Sleeve Insignia

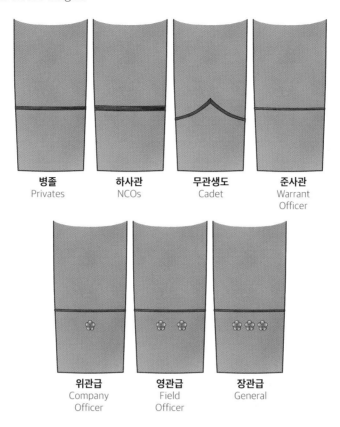

병졸
Privates

하사관
NCOs

무관생도
Cadet

준사관
Warrant
Officer

위관급
Company
Officer

영관급
Field
Officer

장관급
General

1907년 제식 견폐
Model 1907 Cape

1907년에는 견폐에 대한 제식이 새로 만들어졌다. 그 내용을 살펴보면, 다갈색 융질에 길이는 목에서 무릎 아래까지이고 앞면 중앙에서 열리게 만들어 뿔 단추로 보이지 않게 고정하게 했다.

1907년 제식 정서·도서
Model 1907 Sword Knot

대례장·예장·반예장 시에는 도나 검에 정서를, 군장·상장 시에는 각각 도서와 검서를 사용했다. 도서의 경우 장·영관급은 금사로 만들되 그 끝에 계란형의 장식을 부착하였고, 위관이하는 검은색 실로 만들게 하였다.

1907년 제식 식대
Model 1907 sash wasit belt

1907년 식대는 적색 실을 1촌 너비로 넓게 짠 형태이고, 끝에 다는 술의 색을 장관급은 금색, 영관급은 자청색, 위관급은 황색으로 하고 양 끝 결합 부위에 도금제 버클을 달아 잠그도록 하였다.

육군 병과 정색
Branch Colors

1907년 각 병과별로 색상을 정하였는데, 보병과 장관급 장교는 홍색, 공병은 자색, 기병은 녹색, 회계관은 청색, 포병은 황색, 군의는 심록색으로 하였고, 예복 바지의 측장 색상이나 대례의 소매·깃의 색상, 상의와 외투 수장의 색상 등을 병과 정색에 따르도록 하였다.

보병·장관급 - 홍색
Infantry·General(Red)

기병 - 녹색
Cavalry(Green)

포병 - 황색
Artillery(Yellow)

공병 - 자색
Engineer(Purple)

회계관 - 청색
Accountant(Blue)

군의관 - 심록색
Surgeon(Dark Green)

1907년 제식 식서(견식)
Model 1907 Aiguillette

식서는 장관과 참모관이 패용하되 장관은 대례장·예장 시에 사용하고 찬모관과 참모관은 어느 복장에든 사용하였으며, 금선이 기본이었으나 상장 차림 시에는 황색 견사絹絲를 사용해도 무방하였다.

1907년 제식 현장
Model 1907 Sash

현장은 고등 관아 부관과 전령사, 주번과 위수 순찰 시 장교가 어느 복장을 막론하고 우측 어깨에서 좌측 겨드랑이 밑으로 사선으로 착용하였다. 단 고등 관아 부관과 전령사는 특히 장관을 수종할 때, 주번 및 위수 순찰은 당장 근무에 있을 때 외에는 패용하지 않아도 무방하였다. 현장에 대한 제식도 다시 규정되었는데, 1촌 너비로 넓게 짠 비단 재질로 하고 그 양끝은 묶어 같은 색의 술을 매달게 하였다. 고등 관아 부관과 전령사는 황색을 사용하고 위수 복무자와 주번은 홍색을 사용하게 하였다.

1907년 제식 도대
Model 1907 Sword belt

1907년 제식 도대는 검은색 가죽제로 장·영관급은 안쪽을 홍색으로, 위관급은 청색을 사용하게 했으며 도대는 복장을 막론하고 병용하게 했다.

1907년 제식 육군 제등
Model 1907 Army Lantern

장관급
General

영관급
Field
Officer

위관급
Company
Officer

준사관
Warrant
Officer

하사관
NCOs

병졸
Privates

헌병대 하사관
NCOs(MP)

헌병대 병졸
Privates(MP)

1907년 4월 22일 「육군 장·영·위관 및 준사관 이하 제등 규칙」에 의해 육군 제등이 제정되었다. 규정에 따르면 군장 차림을 하거나 공사로 인한 것 말고는 사용하지 않도록 했다.
제등의 높이는 20cm, 둘레는 21cm였으며 관등에 따라 장식을 달리했는데, 장관급은 전부 홍색으로 하고 상부에 백색 별 4개, 영관급은 상반부만 홍색으로 하고 상부에 백색 별 4개, 위관급은 중간에 폭 7cm의 홍색 선을 1줄 두르고 그 안에 백색 별 4개, 준사관은 중간에 폭 1cm의 홍색 선을 3줄 두르고 상부에 홍색 별 4개를 둘렀다.
하사졸의 경우 하사관은 중간에 폭 1cm의 홍색 선을 2줄 두르고 상부에 홍색 별 4개, 병졸은 중간에 폭 1cm의 홍색 선을 1줄 두르고 상부에 홍색 별 4개를 장식했고, 헌병대 소속 하사졸은 홍색 별 상단에 폭 2cm의 흑색 선을 1줄씩 둘렀다.

군대 해산 이후

제6장

군대 해산 이후의
유사 군복

군대 해산 이후 근위기병대, 헌병보조원, 제실음악대같이 기존의 군이 담당하던 임무들을 이어 받은 조직들이 등장하면서 이들을 위한 복제가 새로 제정되었다. 그리고 한일합방 이후에는 일본군에 복무하는 한국군의 복장에 관한 규정이 생겨났다.

1907년 12월 20일 「근위기병대편제」가 발표되면서 황실의 근위 임무와 의장을 위해 근위기병대가 조직되었다. 정위 1인을 대장으로 하고 말을 돌보는 수의, 편자를 고치는 제철공 등을 포함하여 총 92인, 말 63필을 편성하였다. 근위기병대 소속 하사졸의 예복은 1908년 2월 14일 칙령 제9호 「근위기병대 하사 이하 예복 제식」을 통해 예모·예의·바지·견장 등을 규정하였다.

통감부의 설치와 경찰권 박탈 등 한국 병탄을 위한 일제의 간섭이 심해지자 이에 대응하기 위한 의병이 생겨났고, 군대 해산 이후 전국적으로 의병 봉기가 폭증하자 일제는 이를 탄압하기 위해 한국인을 일본 헌병경찰의 보조원으로 채용하였으니, 이것이 바로 헌병보조원 제도이다. 이 제도는 1907년 6월 11일 칙령 제31호로 「폭도 진압 및 안녕 질서 유지를 위하여 헌병보조원을 모집, 경성 주재 일본 헌병대에 의탁하는 안건」을 반포하면서 시행되었다. 이렇게 조직된 헌병보조원들은 해방 전까지 유지되면서 일제의 통치를 유지하며 한국의 독립운동을 탄압하는 데 사용되었다. 헌병보조원의 복제는 1909년 2월 20일 군부령 제2호 「헌병보조원복제」를 통해 모자·상의·바지·외투 등을 규정하였다.

1907년 군대 해산 당시 함께 해체되었던 군악대는 1907년 9월 1일 궁내부 포달 제160호 「제실음악대를 조직하는 데 관한 안건」이 발표되면서 제실음악대로 이름을 바꾸었다. 다만 기존의 군악대가 군인으로서 군부의 소속이었다면 제실음악대는 궁중 의례와 제사를 관장하던 궁내부 장례원 소속이었다. 1910년 한일합방 이후 궁내부가 폐지되고 이왕직이 설치되면서 제실음악대도 이왕직양악대로 개편하여 활동하게 되었다. 제실음악대의 편제를 살펴보면, 주임관으로 악사장 1인을 두어 음악의 교육과 연주를 담당하게 하였고, 판임관으로 악사 2인을 두어 음악에 종사하게 했으며, 그 밑에 악수장, 악수 등의 직책을 두었다. 제실음악대의 복제는 1908년 포달 제176호 「장례원악사장이하복제」를 통해 모자·상의·바지·견장 등을 규정하였다.

근위기병대 참교의 예장 차림

Guard Cavalry Sergeant in Full Dress Uniform

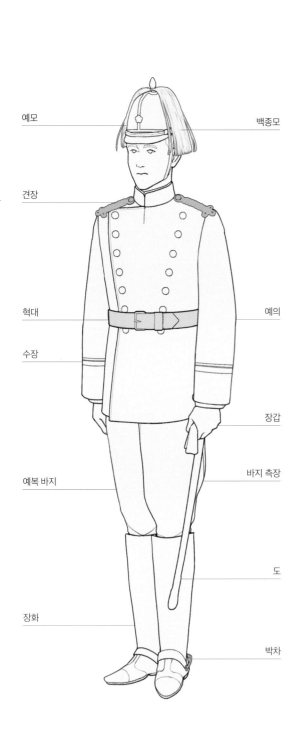

예모

견장

혁대

수장

예복 바지

장화

백종모

예의

장갑

바지 측장

도

박차

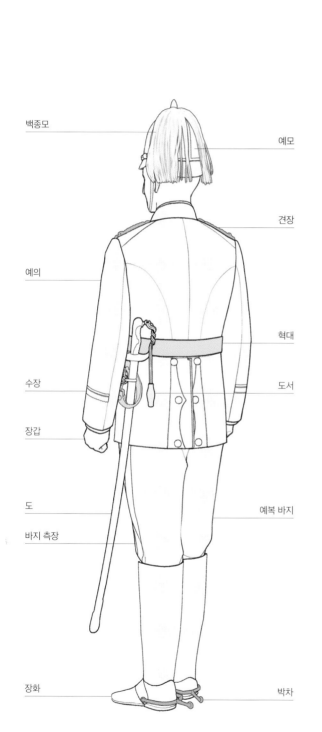

백종모

예모

예의

견장

수장

혁대

장갑

도서

도

예복 바지

바지 측장

장화

박차

1908년 제식 근위기병대 하사졸 예모

Model 1908 Full Dress Helmet
for Guard Cavalry NCOs & Privates

예모의 형태는 계란을 반으로 나눈 형태로, 위로 갈수록 뾰족해지고 중간은 둥근 모양이었다. 재질은 흑색 융질로 앞·뒤·좌·우에 가느다란 황색 끈 1줄씩을 부착하고, 하단부 밑단에 같은 색의 끈을 돌려 붙였다. 모자 정수리에 같은 끈으로 이화를 장식해 부착하였으며 그 위에 붉은색 나무로 만든 새알형의 장식을 꽃 수술 모양으로 세웠다. 앞면에 평평하게 짠 백금색 끈 2줄을 나란히 해서 달고 그 양 끝을 지름 1.5분(약 0.45cm)의 이화 문양 도금 귀 단추로 고정했으며 차양으로 반달형의 흑색 가죽을 앞뒤에 부착하였다. 모자에는 7촌(약 21.21cm) 길이의 백종모白鬃毛를 드리우고 턱끈은 검은색 가죽으로 제작하였으며 모표로 가로 세로 3분(약 0.9cm) 크기의 도금제 이화 무늬를 부착하였다.

근위기병대 하사졸의 예의는 기병 장교용 대례의와 유사한 형태로, 깃에는 장식을 붙이지 않았고 소맷부리 바깥쪽에서 2촌(약 6.06cm) 위에 하사관은 3분 너비의 녹색 융선 1줄을 부착하고 그 위에 1분(약 0.3cm) 너비의 융선을 정교는 3줄, 부교는 2줄, 참교는 1줄씩 부착했다. 병졸은 1분 너비의 융선만 상등병 3줄, 일등병 2줄, 이등병은 1줄씩 부착하였다.

바지는 흑색 융질의 승마 바지 형태로, 측장으로 녹색 융선을 하사관은 4분(약 1.2cm) 너비 1줄, 병졸은 3분 너비 1줄을 부착하였다. 견장은 직경 1분 5리(약 0.45cm) 굵기의 둥근 황색 끈 4줄을 사슬 모양으로 엮었는데, 길이는 2촌 4분(약 7.26cm)이었고 끝에 이화 문양 도금 단추를 부착하였다.

근위기병대 하사졸 바지

Model 1908 Trousers Green Piping
for Guard Cavalry NCOs & Privates

하사관
NCOs

병졸
Privates

1908년 제식 근위기병대 하사졸 예의
Model 1908 Full Dress Tunic for Guard Cavalry NCOs & Privates

근위기병대 하사졸 예의 수장
Full Dress Tunic Sleeve Insignia
for Guard Cavalry NCOs & Privates

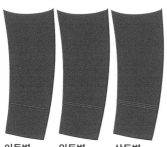

| 이등병
2nd
Private | 일등병
1st
Private | 상등병
Corporal |

| 참교
Sergeant | 부교
Staff
Sergeant | 정교
Sergeant
First Class |

근위기병대 하사졸 견장
Full Dress Shoulder Knot
for Guard cavalry NCOs & Privates

헌병보조원
Military Police Assistant

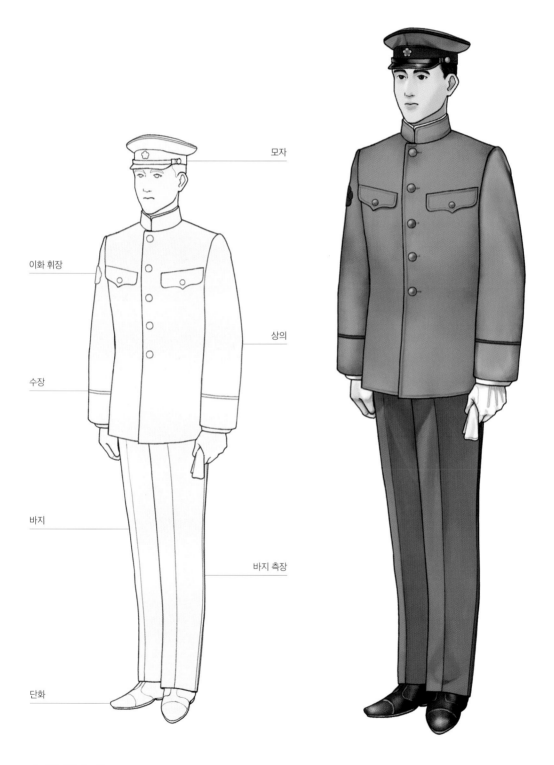

모자

이화 휘장

상의

수장

바지

바지 측장

단화

헌병보조원의 외투 차림

Military Police Assistant in Greatcoat

모자

이화 휘장

외투

바지

바지 측장

단화

1908년 제식 헌병보조원 모자
Model 1908 Cap for Military Police Assistant

헌병보조원 모자는 다갈색 융질의 일반적인 정모 형태로 상부는 테 없이 유연한 형태가 되도록 만들었다. 하단부에 너비 1촌 3분(약 3.93cm), 상부 접합 부위에 너비 2분(약 0.9cm)의 비색緋色 융질을 둘러 붙이고, 차양과 턱끈은 흑색 가죽으로 만들었다. 턱끈의 양 끝에는 지름 3분 5리(약 1.05cm), 두께 1분의 금색 원형 단추를 부착해 고정하고 모표로는 반지름 4분 2리(약 1.26cm), 두께 1분 5리의 금색 금속제 이화장을 부착하였다.

상의는 다갈색에 세운깃으로 깃의 높이는 1촌 3분이었고 옷 앞섬 중앙에 지름 8분(약 2.4cm)의 혁동赫銅제 원형 단추 5개를 한 줄로 단 싱글브레스트Single-breasted 형태였다. 마지막 단추는 옷자락에서 6촌(약 18.18cm) 위에 달았고 뒷부분 좌·우측에 6촌씩의 트임을 주었다. 길이는 목덜미에서 볼기 5촌 아래까지 닿았고, 가슴의 좌·우측에는 길이 5촌(약 15.15cm)의 속붙임덮개주머니 위에 지름 5분 5리(약 2.4cm)의 혁동제 원형 단추를 달았다. 왼쪽 겨드랑이 밑 트임 위에는 길이 4촌(약 12.12cm)의 도대걸이를 달았다. 수장으로 소맷부리에서 4촌 위에 1분(약 0.3cm) 너비의 비색 뱀 비늘 모양으로 편직된 띠를 두르고 오른쪽 어깨에 같은 색으로 제작된 지름 2촌(약 6.06cm)의 이화 휘장을 부착하였다.

바지는 다갈색 융질의 일반 바지 형태로, 길이는 구두 뒤꿈치 상단에 이르고 다리 양측에 속붙임주머니를 하나씩 부착하였으며 측면에 수장과 같은 띠를 부착하였다.

여름용 상의와 바지의 재질은 다갈색 포직布織으로, 융으로 만든 상의·바지와 같은 제식이었으나 상의 수장과 바지 측장을 붙이지 않는 것이 차이점이었다.

외투는 다갈색 융질로 길이는 구두 뒤꿈치에서 8촌(약 24.

24cm) 위까지 닿았다. 상의와 같은 단추 10개를 5개씩 2줄로 달았으며 머리 두건 단추 1개와 뒷면에 다는 단추 4개는 갈색으로 지름은 4분 5리, 구멍이 4개 뚫려 있는 형태였다. 허리 좌우 측에 속붙임덮개주머니를 달고 어깨 우측에 이화 휘장을 부착했다. 깃에는 두건을 달았다.

1908년 제식 헌병보조원 바지
Model 1908 Trousers for Military Police Assistant

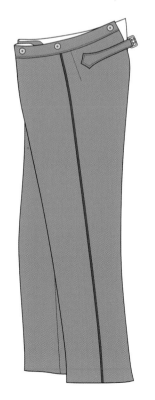

1908년 제식 헌병보조원 상의
Model 1908 Tunic for Military Police Assistant

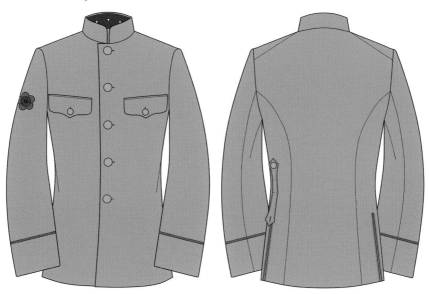

1908년 제식 헌병보조원 외투
Model 1908 Greatcoat for Military Police Assistant

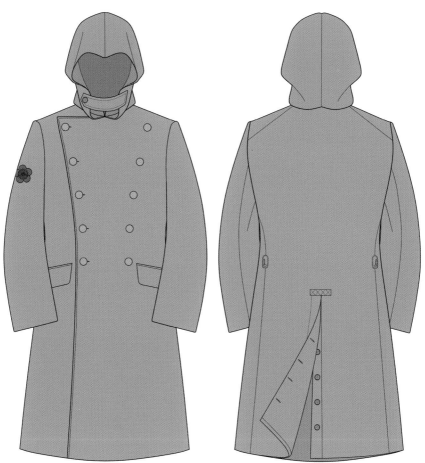

제실음악대 악사장
Imperial Household Band Chief Bandmaster

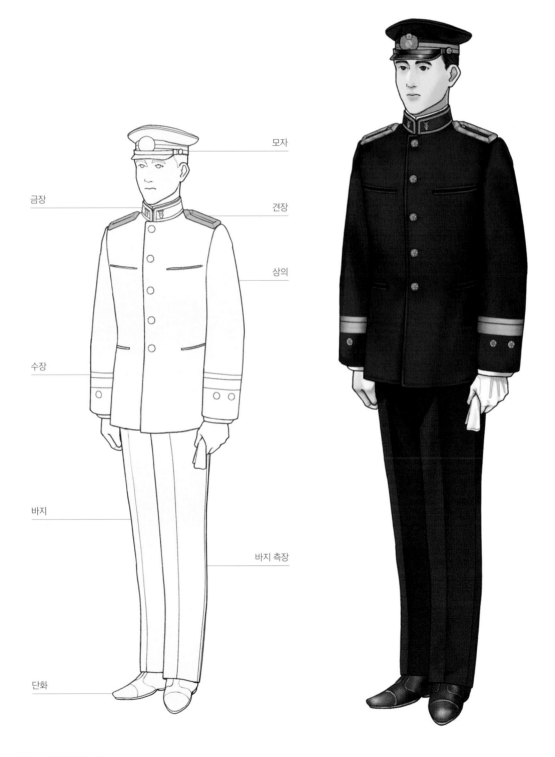

모자

금장

견장

상의

수장

바지

바지 측장

단화

제실음악대 악수장의 외투 차림

Chief Bandplayer in Greatcoat

모자

외투

바지

바지 측장

단화

1908년 제식 제실음악대 모자
Model 1908 Cap for Imperial Household Band

악사장
Chief Bandmaster

제실음악대 모자의 형태는 원형으로 일반적인 정모 형태이며 검은색 융을 사용했다. 차양과 턱끈 모두 검은색 가죽을 사용했으며 턱끈은 그 양 끝을 이화 문양 도금 귀단추로 고정했고 차양은 반달형으로 했다. 모자의 앞부분에 모표를 수놓았는데, 금색 태극을 중심으로 자두나무 가지를 교차시킨 것을 장식하고 그 위에 이화를 수놓은 형태였다. 모자의 하단부에 붉은색 융을 두르고 그 위에 관등에 따라 횡장을 붙여 표시하였는데, 악사장은 폭 3분(약 0.9cm)의 금색 선 2조, 악사는 1조를 부착하였고, 악수장들은 폭 5분(약 1.5cm)의 은색 선 1조를 부착하였으나 악수들은 아무 선도 부착하지 않았다.

모표
Cap Emblem

악사
Bandmaster

악수장
Chief Bandplayer

악수
Bandplayer

1908년 제식 제실음악대 상의
Model 1908 Tunic for Imperial Household Band

1908년 제식 제실음악대 하복 상의
Model 1908 Summer Tunic for Imperial Household Band

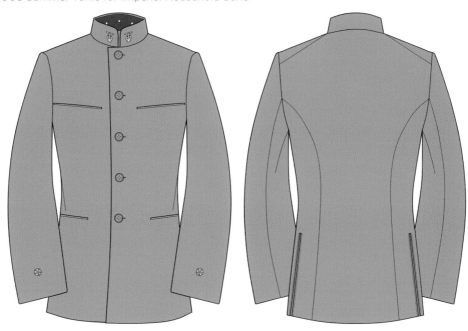

상의는 검은색 융에 옷 앞섶 중앙 지름 7분(약 2.1cm)의 금색 이화 무늬 단추 5개를 한 줄로 단 싱글브레스트Single-breasted 형태였다. 세운깃에 앞섶 깃이 만나는 부위에 후크 단추 2개를 달아 고정하였고 가슴과 허리 부위 좌·우측에 덮개 없는 속붙임주머니를 부착했다.

1908년 제식 제실음악대 금장
Model 1908 Collar Patches
for Imperial Household Band

악사장·악사
Chief Bandmaster and Bandmaster

악수장·악수
Chief Bandplayer and Bandplayer

하복
Summer Dress

1908년 제식 제실음악대 견장
Model 1908 Shoulder Board
for Imperial Household Band

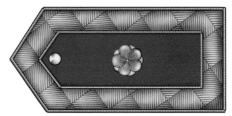

악수장·악수
Chief Bandplayer and Bandplayer

악사
Bandmaster

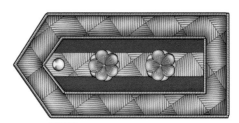

악사장
Chief Bandmaster

상의는 검은색 융질에 옷 앞섬 중앙 지름 7분(약 2.1cm)의 금색 이화 무늬 단추 5개를 한 줄로 단 싱글브레스트Single-breasted 형태였다. 세운깃이었고 앞섬 깃이 만나는 부위에 후크 단추 2개를 달아 고정하였다. 가슴과 허리 부위 좌·우측에는 덮개 없는 속붙임주머니를 부착했다.

금장은 악사장·악사와 악수장·악수의 것이 달랐는데, 악사장·악사는 깃에 붉은색 융을 감싸고 그 주변에 폭 2분(약 0.6cm)의 금색 선 1조를 두르고 깃 양쪽에 금색의 악기형 장식을 1개씩 달았다. 악수장·악수 또한 이와 비슷하나 다만 폭 2분의 금색 선을 두르지 않는 것이 차이점이었다.

소매에는 수장을 붙여 관등을 표시했는데, 악사장은 소맷부리에서 3촌 위에 각각 폭 1촌(약 3.03cm)과 5분(약 1.5cm)의 금색 선 2조를 소매 바깥쪽에 두르고 그 아래에 지름 5분의 금색 이화 2개를 달았다. 악사도 이와 같으나 금색 선 1조, 금색 이화 1개를 다는 것이 차이점이었다. 악수장의 경우 폭 5분의

은색 선 2조를 두르고 그 아래에 지름 5분의 은색 이화를 1급 악수장은 2개, 2급 악수장은 1개를 달았다. 악수들은 폭 5분의 은색 선 1조를 두르고 상등악수는 은색 이화 2개, 1등악수는 1개를 달았으나 평악수는 아무런 장식을 달지 않았다.

견장의 형태는 직사각형 모양에 상단을 人자형으로 뾰족하게 했으며 바탕을 붉은색 융으로 만들었다. 폭은 1촌 5분(약 4.53cm)에 길이는 3촌(약 9.09cm)으로 하고 테두리에 폭 3분(약 0.9cm)의 금선을 둘렀다. 악사장과 악사는 중앙에 폭 3분의 금색 띠를 붙이고 그 위에 금색 이화를 달았는데, 악사장은 2개, 악사는 1개였다. 악수장·악수도 이와 같았으나 중앙에 띠를 붙이지 않고 이화도 1개만 달았다.

여름용 약복의 경우 카키색의 소창小倉지였으며 상의와 제식이 유사하나, 뿔 단추 5개로 여미고 깃 양쪽에 금색의 악기형 장식을 1개씩 달았으며 악사장은 소매에 금색 이화 2개, 악사는 금색 이화 1개를 달았다.

1908년 제식 제실음악대 수장
Model 1908 Sleeve Insignia

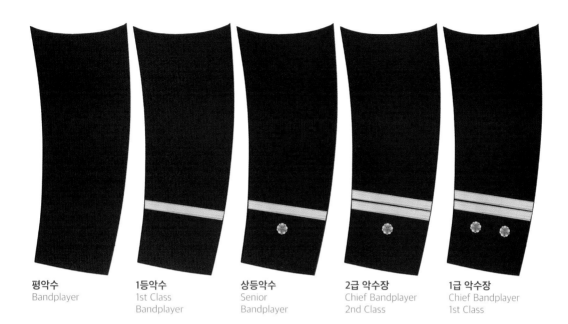

평악수
Bandplayer

1등악수
1st Class
Bandplayer

상등악수
Senior
Bandplayer

2급 악수장
Chief Bandplayer
2nd Class

1급 악수장
Chief Bandplayer
1st Class

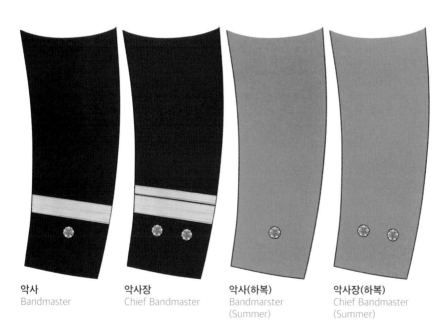

악사
Bandmaster

악사장
Chief Bandmaster

악사(하복)
Bandmarster
(Summer)

악사장(하복)
Chief Bandmaster
(Summer)

1908년 제식 제실음악대 바지
Model 1908 Trousers

바지는 붉은색 융으로 통상의 양복바지 형태였다. 양측면에 측장을 붙여 관등을 표시했는데, 악사장·악사는 측면 외부 봉합처에 폭 5분(약 1.5cm)의 검은색 모직 선 2조를 부착했고,

악수장·악수는 폭 5분의 검은색 모직 선 1조를 부착했다. 여름 약복의 바지는 상의와 마찬가지로 카키 색 소창지였으며 별다른 장식 없이 통상제의 바지로 만들게 하였다.

1908년 제식 제실음악대 외투
Model 1908 Greatcoat for Imperial Household Band

외투는 통상적인 양복 외투 형태로 검은색 융을 사용하였으나 악사장·악사의 외투와 악수장·악수의 외투가 서로 달랐다. 악사장과 악수의 경우 꺾은깃에 흉부 좌·우측에 지름 7분(약 2.1cm)의 금색 이화 단추 각 5개를 달았고 허리 좌·우측에 속붙임세로주머니를 부착했다. 뒷면의 경우 허리조임띠를 붙이

고 그 위에 단추를 달아 허리폭을 조절할 수 있게 했으며 그 아래 좌·우측에 장식용으로 지름 3분(약 0.9cm)의 금색 이화 단추 각 3개씩을 부착하였고 하반부 중앙을 절개했다. 악수장과 악수의 외투도 이와 같았으나 다만 여밈 단추를 흉부 정중앙에 1줄로 달았다.

악사장·악사 외투
Greatcoat for Chief Bandmaster and Bandmaster

악수장·악수 외투
Greatcoat for Chief Bandplayer and Bandplayer

일본군 내 조선 군인의 복장 착용(1911)

아래 표에서 우측 칸에 표기된 조선 군인의 계급은 좌측 칸에 표기된 일본군의 계급에 상당하는 것으로 하였고, 조선 군인은 상당하는 계급의 차석으로 하였다. 조선 군인은 상당하는 군인의 제복을 착용하였으나 각 병과 소속의 장교·준사관·하사관·병졸은 금색, 기타는 은색의 금속제 휘장을 깃의 좌우에 부착하도록 하였다.

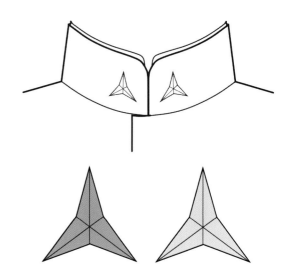

일본 군인	조선 군인	일본 군인	조선 군인
육군 중장	육군 부장	육군 3등 주계정	육군 3등 사계
육군 소장	육군 참장	육군 1등 주계	육군 1등 군사
육군 보·기·포·공병 대좌	육군 보·기·포·공병 정령	육군 2등 주계	육군 2등 군사
육군 보·기·포·공병 중좌	육군 보·기·포·공병 부령	육군 3등 주계	육군 3등 군사
육군 보·기·포·공병 소좌	육군 보·기·포·공병 참령	육군 2등 계수	육군 계수
육군 보·기·포·공병 대위	육군 보·기·포·공병 정위	육군 1등 군의정	육군 1등 군의장
육군 보·기·포·공병 중위	육군 보·기·포·공병 부위	육군 2등 군의정	육군 2등 군의장
육군 보·기·포·공병 소위	육군 보·기·포·공병 참위	육군 3등 군의정	육군 3등 군의장
육군 보·기병 특무조장	육군 보·기병 특무정교	육군 1등 군의	육군 1등 군의
육군 보·기병 조장	육군 보·기병 정교	육군 2등 군의	육군 2등 군의
육군 보·기병 군조	육군 보·기병 부교	육군 3등 군의	육군 3등 군의
육군 보·기병 오장	육군 보·기병 참교	육군 2등 간호장	육군 조호장
육군 보·기병 상등병	육군 보·기병 상등병	육군 상등 간호졸	육군 조호수
육군 보·기병 일등병	육군 보·기병 일등병	육군 1등 수의	육군 1등 수의
육군 보·기병 이등병	육군 보·기병 이등병	육군 2등 수의	육군 2등 수의
육군 1등 주계정	육군 1등 사계	육군 3등 수의	육군 3등 수의
육군 2등 주계정	육군 2등 사계	육군 기병 2등 제철공장	육군 제철공장

화려한 자수의 황실 군복

황실의 군복

제 7 장

1898년경 작성된 「대한예전」에 황제가 군례에 참석할 시 '황제육군대례복'을 착용하도록 하여 이 시기부터 황제가 군복 형태의 서양식 복제를 착용한 것으로 짐작된다. 1899년 원수부 관제를 반포하면서 원수부 소속 무관이 황제와 동일한 견장과 모자를 사용하도록 하였고, 황제의 군복과 그 부속품으로 단화, 금포, 토시, 장갑, 양말 등을 구입한 기록 또한 남아 있다. 다만 황제의 복장에 대한 상세한 규정이나 도식이 발견되지 않았기에 유물과 사진, 회화 자료 등을 통해 그 모습을 확인할 수밖에 없다. 1904년 원수부가 폐지되고 황제의 계급이 육군 대장으로 격하되면서, 이후 황제는 육군 대장 예복을 착용한 것으로 보인다. 고종이 태황제가 된 이후에는 1907년 8월 18일 「태황제어복장규제」를 논의하라는 기록이 남아 있다. 황실 군복의 특징은 기본적인 틀은 「육군장졸복장제식」의 예를 따르되, 단추를 9개 달기도 하고 다른 색상의 융을 사용하며 화려한 자수를 수놓는 등 황실의 권위를 보여주고 있다는 점이다. 또한 고종황제 시기에는 황제가 대원수의 예복을 착용한 반면, 순종 황제는 이보다 격이 낮은 육군 대장복을 착용함으로써 일본에 의해 점차 자주권을 상실해가는 대한제국의 상황도 엿볼 수 있다.

예복 차림의 대원수

Generalissimo(Emperor) in Ceremonial Dress Uniform

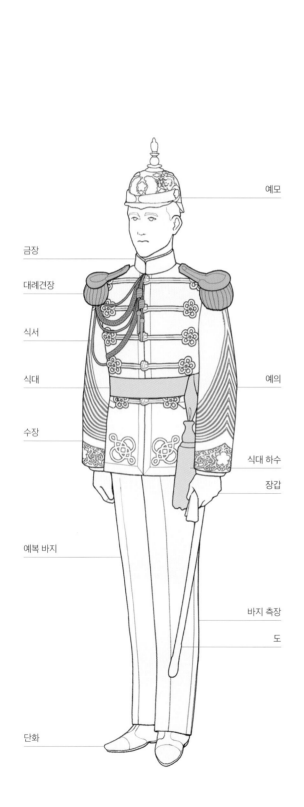

예모

금장

대례견장

식서

식대

예의

수장

식대 하수

장갑

예복 바지

바지 측장

도

단화

상복 차림의 원수

Marshal(Crown prince) in Sevice Dress Uniform

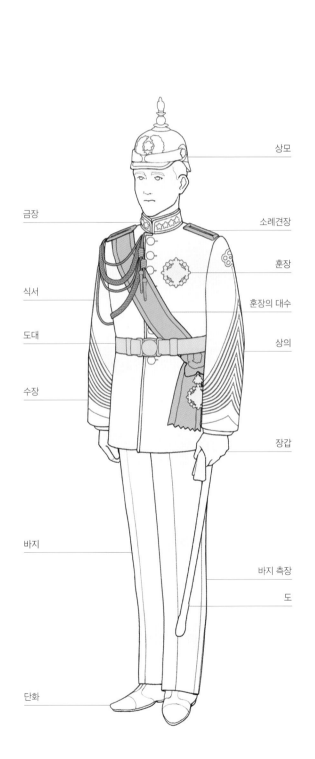

상모

소례견장

훈장

훈장의 대수

상의

장갑

바지 측장

도

금장

식서

도대

수장

바지

단화

예복 차림의 태황제

Former Emperor in Ceremonial Dress Uniform

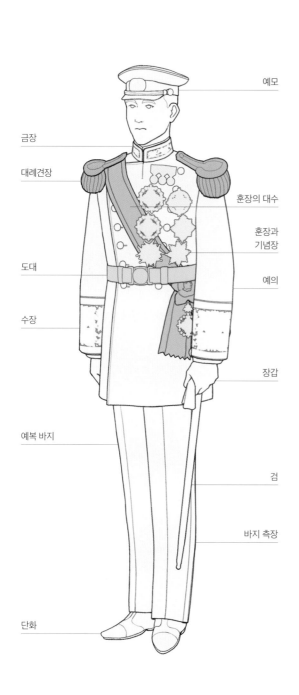

예모

금장

대례견장

훈장의 대수

훈장과
기념장

도대

예의

수장

장갑

예복 바지

검

바지 측장

단화

예복 차림의 육군 대장

General(Emperor) in Ceremonial Dress Uniform

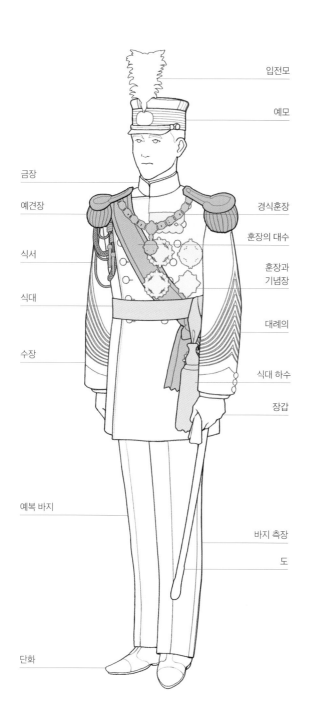

입전모

예모

금장

예견장

경식훈장

훈장의 대수

식서

훈장과
기념장

식대

대례의

수장

식대 하수

장갑

예복 바지

바지 측장

도

단화

대원수 예모
Full Dress Helmet for Emperor

대원수가 예복 차림 시에 착용하던 것으로, 당시 독일에서 사용하던 투구형 모자인 피켈하우베Pickelhaube의 영향을 받았다. 전면의 차양이나 정수리 장식은 전통 투구의 것과 유사한 형태로, 정수리 장식에 옥으로 된 입식을 단 것이 특이하다. 정면 표장으로 나뭇잎으로 둘러싼 이화를 장식하였고, 주변에도 여러 금색 장식을 부착하였으나 관련 규정이나 도식이 남아 있지 않아 자세한 형태를 알 수 없다.

대원수 상모
Service Dress Helmet for Emperor

대원수가 상복 차림 시에 착용하던 것으로, 예모와 달리 전면 차양을 단순한 흑색 가죽제로 하고 정면 표장 외에 다른 장식을 달지 않은 것이 차이점이었다.

대원수 예의
Full Dress Tunic for Generalissimo

1897년 「육군장졸복장제식」에 따른 늑골복 형태의 대례의와 형태가 유사하나, 옷의 둘레에 정도기자형으로 장식된 금색 편직 띠를 두르고 매듭 단추도 금색으로 하는 등 화려하게 장식된 것이 특징이다. 소매에는 금색 실로 人자형을 대원수는 11줄, 원수는 10줄을 수놓았으며, 소맷부리에는 만초蔓草문을 자수하였다.

대원수 상의
Service Dress Tunic for Generalissimo

1899년 서양식 대원수복이 제정되고 1904년 원수부가 폐지될 때까지 고종황제가 착용하였다. 1900년 개정된 「육군장졸복장제식」에 따른 싱글브레스트Single-breasted 형태의 상의

와 형태가 유사하나, 은색 이화 무늬 단추 9개를 한 줄로 달고, 수장으로 人자형을 11줄, 금장으로 은사 별을 5개 자수한 점이 특징적이다.

태황제 모자
Cap for Former Emperor

태황제의 모자는 그 제식에 대한 도식이나 규정이 남아 있지 않아 사진을 통해 그 형태를 확인할 수밖에 없는데, 1906년 개정된 육군 장교용 상모와 유사한 형태이다. 턱끈으로 금색 실로 만든 둥근 끈을 사용하였고 정면에는 육군 장교용 정모의 모표와 유사한 형태의 표장을 부착하였으며, 모자 하반부 테두리에는 정도기자正到근字형을 장식하고 그 사이에 나뭇잎이 둘러싸고 있는 이화 문양의 형태를 반복하여 자수하였다.

태황제 예의
Full Dress Tunic for Former Emperor

1907년 고종이 태황제로 물러난 이후 조칙을 내려 태황제의 복장을 규제하도록 하였으나 그 규정이 남아 있지 않아 사진을 통해 그 형태를 유추할 수 있는데, 태황제의 예의는 싱글 브레스트Single-breasted 형태로 세운깃에 흉부 좌우에 도금 무궁화 무늬 단추를 각 7개씩 부착한 것을 확인할 수 있다. 수장은 계급 선을 붙이지 않고 소맷부리를 홍색 융으로 넓게 감싸고 테두리에 정도기자형을 장식하였으며, 그 중심에 이화형과 그 주위를 둘러싼 잎의 형태를 반복하여 자수하였다. 금장 또한 테두리에 정도기자형을 장식하고 이화 무늬를 자수하였다.

태황제 예의 도대
Sword Belt for Former Emperor

순종황제 육군대장 예의
Full Dress Tunic for General(Emperor Sunjong)

1904년 원수부가 폐지된 이후 황제의 지위는 대원수에서 육
군 대장으로 격하되었고, 이후 1907년 8월 황제위를 양위 받
은 순종 황제의 군복도 소매의 금색 실로 된 人자 형이 9줄인
점 등으로 보아 대장 계급의 예의를 착용한 것으로 보인다.
다만 「육군장졸복장제식」에 따른 대장의 예복과 달리, 금장
과 소매에 정도기자형 문양을 금색으로 자수하는 등 차이가
있다.

민속박물관 소장 대원수예의
Full Dress Tunic for Generalissimo(National Folk Museum Collection)

국립민속박물관 소장 예복 유물로, 상·하의 한 벌씩만 남아
있다. 소매의 금색 실로 된 人자형이 11줄인 것으로 보아 대

원수의 예복 유물로 추정되며 옷의 앞뒤와 소맷부리 등에 금
사로 당초문과 이화를 화려하게 자수해 넣은 것이 특징이다.

영친왕 육군부장 예의

Full Dress Tunic for Lieutenant General
(King Yeongchin)

해당 유물은 국립고궁박물관 소장품으로 영친왕이 유소년기에 착용한 것으로 알려진 예복이다. 소매의 人자형 자수가 8줄인 점이나 금장의 형태로 보아 부장 계급의 예복인 것을 알 수 있다. 1897년 「육군장졸복장제식」에 따른 늑골복 형태의 대례의와 형태가 유사하면서도 여러 부분에서 차이가 있는데, 홍색 융으로 제작되었고 수구만 황색 융으로 감쌌으며, 옷의 둘레와 매듭 단추에 금색 실을 이용한 자수를 수놓는 등 육군복장제식과 같은 관련 규정에 구애받지 않고 제작된 특수복으로 보인다.

어용 예견장
Full Dress Epaulet for Emperor

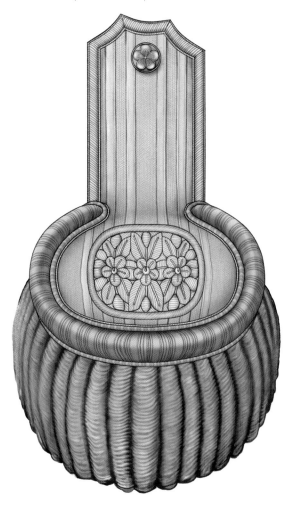

황제 예의 금장
Full Dress Collar patches for Emperor

태황제 예의 금장
Full Dress Collar patches for Former Emperor

원수 상의 금장
Service Dress Collar patches for marshal

대원수 상의 금장
Service Dress Collar patches for Generalissimo

어용 상견장
Service Dress Epaulet for Emperor

1899년 규정된 원수부 복장 규칙에서 원수부 소속의 인원들은 어용 견장을 착용하도록 하였다. 자세한 제식이나 도식은 남아 있지 않으나, 연세대학교에서 소장하고 있는 윤웅렬 유물 중 「육군장졸복장제식」의 규정과 다른 형상의 견장이 2종류 남아 있다. 윤웅렬이 육군 부장으로 원수부 검사국 총장 등을 역임한 점이나 고종황제가 해당 유물과 같은 형태의 견장을 착용한 사진이 남아 있는 점으로 보아 해당 유물들이 어용 견장으로 생각된다. 그 형상을 살펴보면, 어용 예견장은 일반적인 대례견장과 유사한 형태이나, 계급장 대신 이화 3개와 나뭇잎이 타원형으로 자수된 것을 부착하였으며 위관은 견장에 술을 달지 않았다. 어용 상견장의 경우 장방형의 황색 융질 위에 은색 이화 3개를 수놓았다.

어용 식대
Sash Waist Belt for Emperor

어용 식대의 경우 1900년경 촬영된 사진에서 황색과 적색을
줄무늬 형태로 짠 식대를 착용한 고종과 순종의 모습이 확인
된다. 원수부 폐지 이후 육군 대장 차림의 순종 황제는 황색
의 식대를 착용하였다.

민속박물관 소장 대원수 예복바지
Full Dress Trousers for Generalissimo
(Folk Museum Collection)

영친왕 육군부장 예복바지
Full Dress Trousers for Lieutenant General
(King Yeongchin)

부록

대한제국의 훈장과 기치류

제8장

1900년 4월 17일, 훈장 조례가 반포되며 대훈위금척대수장, 대훈위이화대수장, 태극장, 자응장이 제정되었다. 이후 1901년 4월 16일 팔괘장이, 1902년 8월 12일 대훈위서성대수장이, 1907년 3월 30일에는 서봉장이 추가 제정되었다. 훈위와 훈등은 공적과 근로가 있는 자를 포상하기 위하여 설치하였는데, 계급이나 훈등에 따라 각종 훈장을 패용하도록 했다. 훈등은 대훈위大勳位와 훈勳 및 공功의 3종으로 정했고 훈과 공은 8등으로 나누었다. 훈장은 각기 본인만 패용하고 자손이 전습하는 것을 허락하지 않았다. 대훈위 금척·서성·이화 대수장은 등급이 없이 정장正章과 부장副章 두 가지로 나뉘는데, 정장은 대수장大綬章으로써 오른쪽 어깨에서 왼쪽 옆구리에 드리우고, 부장은 왼쪽 가슴에 패용하였다. 그 외 훈장은 등급에 따라 달랐는데, 1등장은 정장과 부장 두 가지로 정장은 대수장을 패용하고, 부장은 왼쪽 가슴에 패용하였다. 2등장은 정장과 부장 두 가지로 정장은 오른쪽 가슴에 패용하고, 부장은 중수장中綬章으로써 목 밑에 패용하였다. 3등장은 중수장이고 4등장 이하는 소수장小綬章으로써 왼쪽 가슴에 패용하였다.

1등장이 있는 자가 다시 다른 종류의 1등장을 받을 때는 뒤에 받은 1등장과 앞서 받은 1등장의 부장을 함께 패용하였다. 2등 이하의 장이 있는 자가 다시 같은 종류의 상급장上級章을 받은 때에는 그 하급장下給章의 패용을 중지하고 다른 종류의 같은 등급이나 혹은 상급장을 받았을 때 함께 패용하였으며 수綬가 없는 훈장 2개 이상을 함께 패용할 때에는 뒤에 받은 것을 앞에 받은 것의 오른쪽에 함께 나란히 패용하였다. 수綬가 있는 훈장 2개 이상을 함께 패용할 때는 중수장은 뒤에 받은 것을 앞에 받은 것의 위에, 소수장은 뒤에 받은 것을 앞에 받은 것의 오른쪽에, 종군 기장從軍記章이나 포장襃章은 훈장의 왼쪽에 패용하였다. 훈장은 남자는 대례복大禮服과 통상예복通常禮服 착용 시에 패용하였고 부인婦人은 대·중·소례복 착용 시에 패용하되, 1등 훈장이 있는 자는 대례복에는 대수장 및 부장을 패용하고 중·소례복과 통상예복에는 시의에 따라 부장만 패용할 수도 있었다. 2등 이하의 훈장이 있는 자는 통상예복을 입었을 때도 달 수 있도록 했다.

외국 훈장 패용법은 각각 그 나라의 조규에 따르되 우리나라 훈장의 다음에 패용하도록 하였고, 약수略綬는 통상예복 착용 시에 왼쪽 옷깃 단추 구멍에 걸어서 패용하였는데, 우리나라 약수를 패용하고 외국 훈장을 패용할 수 없도록 했다.

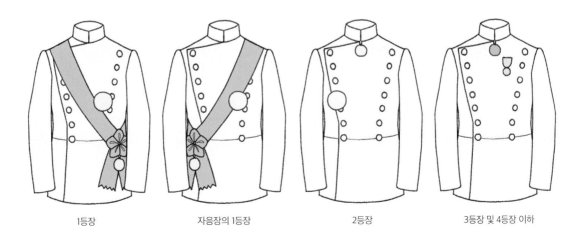

| 1등장 | 자응장의 1등장 | 2등장 | 3등장 및 4등장 이하 |

대훈위 금척대수장 정장
Grand Cordon of the Order of the Golden Rule

대훈위 금척대수장 부장
Star of the Grand Cordon of the Order of the Golden Rule

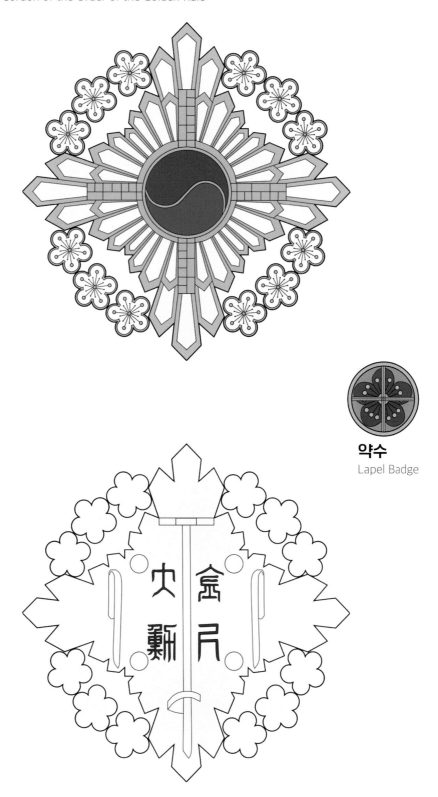

약수
Lapel Badge

대훈위 서성대수장 정장
Grand Cordon of the Order of the Auspicious Stars

대훈위 서성대수장 부장
Star of the Grand Cordon of the Order of the Auspicious Stars

약수
Lapel Badge

대훈위 이화대수장 정장
Grand Cordon of the Order of the Plum Blossom

대훈위 이화대수장 부장
Star of the Grand Cordon of the Order of the Plum Blossom

약수
Lapel Badge

훈일등 태극대수장
Grand Cordon of the Order of the Taegeuk(supreme ultimate)

약수
Lapel Badge

훈이등 태극장 겸 훈일등 부장
Order of the Taegeuk Second Class

약수
Lapel Badge

훈삼등 태극중수장 겸 훈이등 부장
Order of the Taegeuk Third Class

약수
Lapel Badge

훈사등 태극소수장
Order of the Taegeuk Fourth Class

훈오등 태극소수장
Order of the Taegeuk Fifth Class

약수
Lapel Badge

약수
Lapel Badge

훈륙등 태극소수장
Order of the Taegeuk Sixth Class

약수
Lapel Badge

훈칠등 태극소수장
Order of the Taegeuk Seventh Class

훈팔등 태극소수장
Order of the Taegeuk Eighth Class

약수
Lapel Badge

약수
Lapel Badge

훈일등 팔괘대수장
Grand Cordon of the Order of the Pal-gwae(Eight Trigrams)

약수
Lapel Badge

훈이등 팔괘장 겸 훈일등 부장
Order of the Pal-gwae Second Class

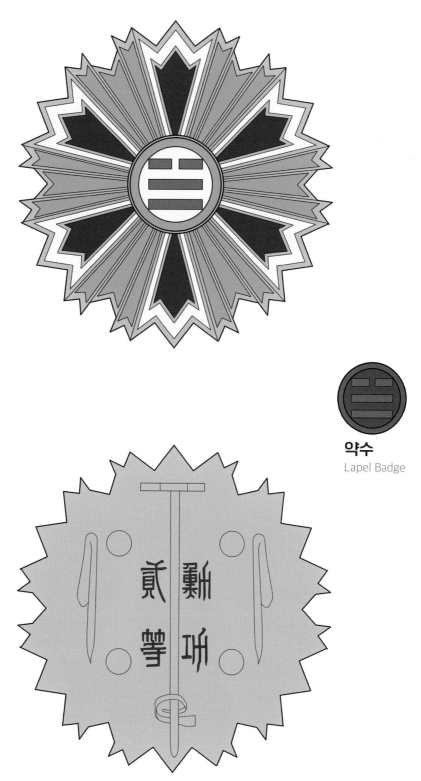

약수
Lapel Badge

훈삼등 팔괘중수장 겸 훈이등 부장
Order of the Pal-gwae Third Class

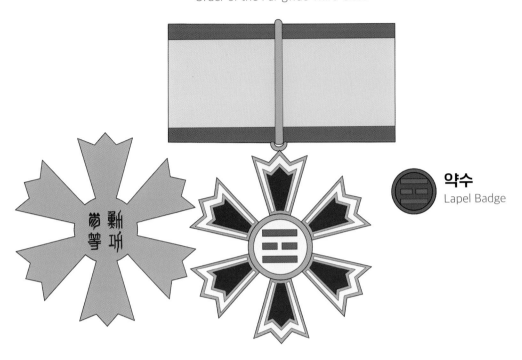

약수
Lapel Badge

훈사등 팔괘소수장
Order of the Pal-gwae Fourth Class

훈오등 팔괘소수장
Order of the Pal-gwae Fifth Class

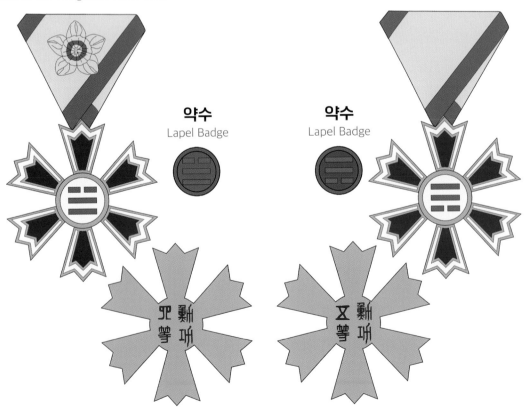

약수
Lapel Badge

약수
Lapel Badge

훈륙등 팔괘소수장
Order of the Pal-gwae Sixth Class

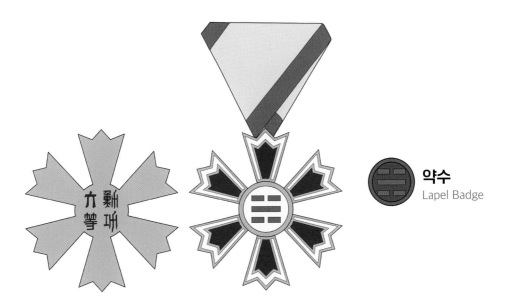

약수
Lapel Badge

훈칠등 팔괘소수장
Order of the Pal-gwae Seventh Class

훈팔등 팔괘소수장
Order of the Pal-gwae Eighth Class

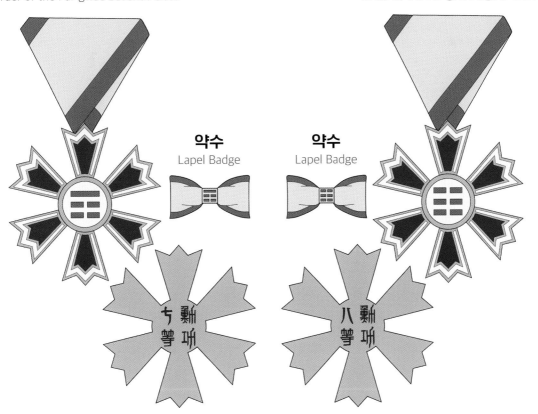

약수
Lapel Badge

약수
Lapel Badge

공일등 자응대수장
Grand Cordon of the Order of the Ja-eung(Purple Falcon)

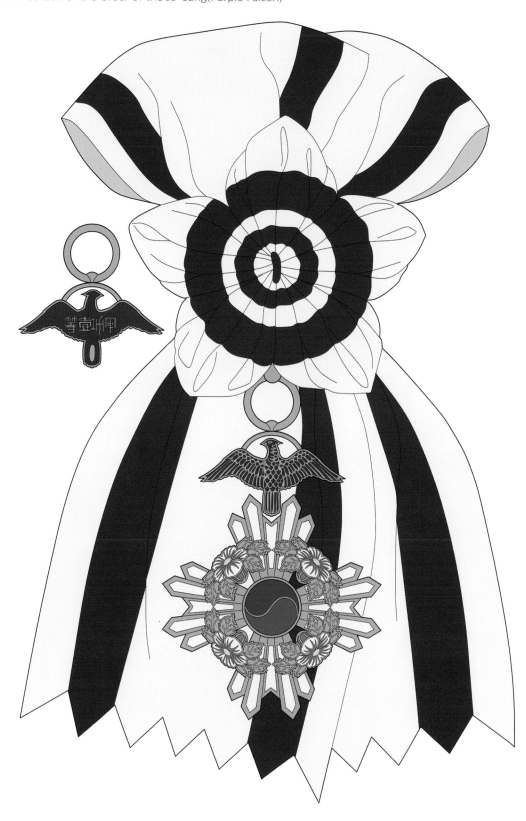

공이등 자응장 겸 공일등 부장
Order of the Ja-eung Second Class

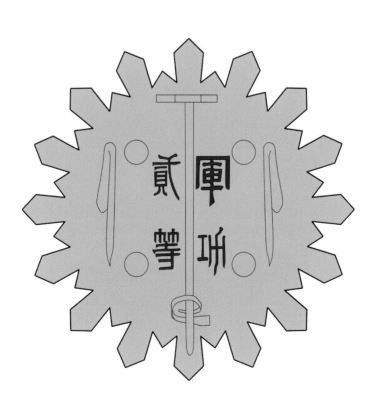

공삼등 자응중수장 겸 공이등 부장
Order of the Ja-eung Third Class

공사등 자응소수장
Order of the Ja-eung Fourth Class

공오등 자응소수장
Order of the Ja-eung Fifth Class

공륙등 자응소수장
Order of the Ja-eung Sixth Class

공칠등 자응소수장
Order of the Ja-eung Seventh Class

공팔등 자응소수장
Order of the Ja-eung Eighth Class

훈일등 서봉대수장
Grand Cordon of the Order of the Seo-bong(Auspicious Phoenix)

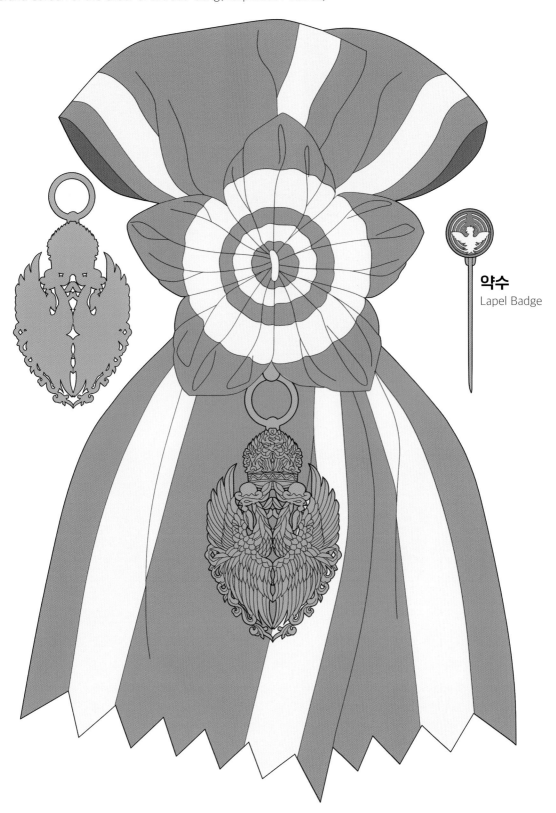

약수
Lapel Badge

훈이등 서봉장 겸 훈일등 부장
Order of the Seo-bong Second Class

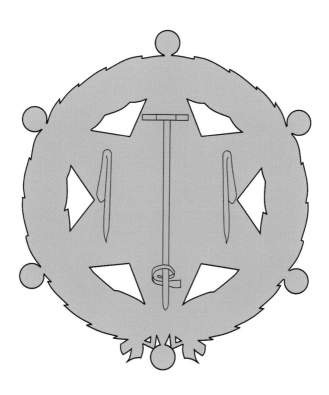

훈삼등 서봉중수장
Order of the Seo-bong Third Class

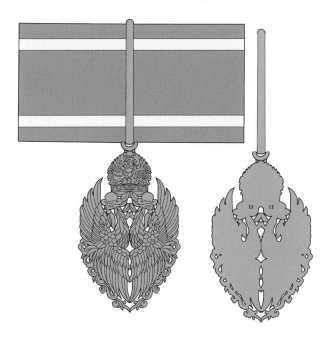

훈사등 서봉소수장
Order of the Seo-bong Fourth Class

훈오등 서봉소수장
Order of the Seo-bong Fifth Class

훈륙등 서봉소수장
Order of the Seo-bong Sixth Class

황제 성수 50주년 기념장(1901.05)
Imperial 50 Years Felicitations Commemorative Medal
for Emperor Gojong

황제 망육순 등극 40주년 기념장(1902.10)
Commemorative Medal for Emperor Gojong's
51th Birthday and his Ruby Jubilee

황태자 가례 기념장 (1907.01)
Commemorative Medal for Prince Imperial Wedding

황제 즉위 기념장(1907.08)
Commemorative Medal of Emperor Sunjong's
Coronation

일본제국 황태자 한국 방문 기념장
(1907.10)
Commemorative Medal for Visit of the Japanese
Crown Prince

황제 남서순행 기념장 (1909)
Commemorative Medal for Emperor Sunjong's
Royal Tour

상패
Commemorative Plaque

교육효적자 포상 1등 효적 상급 휘장
1st Advanced Exemplary Teacher Medal

교육효적자 포상 2등 효적 상급 휘장
2nd Advanced Exemplary Teacher Medal

『해상국가들의 깃발』수록 태극기
Taegeuk flag in 『Flags of Maritime Nations』

대한황제폐하몸기
Imperial Standard of the Emperor

1908년 제정 황실기
Model 1908 Imperial Standard

황제기
Imperial Standard
of the Emperor

황태자기
Imperial Standard
of the Crown Prince

황후기
Imperial Standard
of the Empress

황태자비기
Imperial Standard
of the Crown Princess

태황제기
Imperial Standard
of the Former Emperor

친왕기
Imperial Standard
of the Prince

등대국 소속 선박기
Light Tender Flag

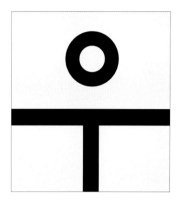

우정기
Postal Flag

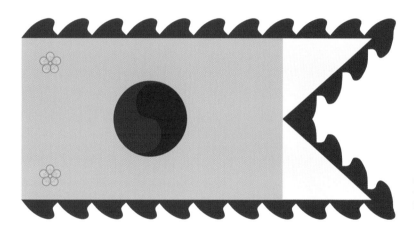

기병창기
Cavalry Guidon

사격명예기
Marksmanship Honor Banner

대대기/선·후사대 중대기

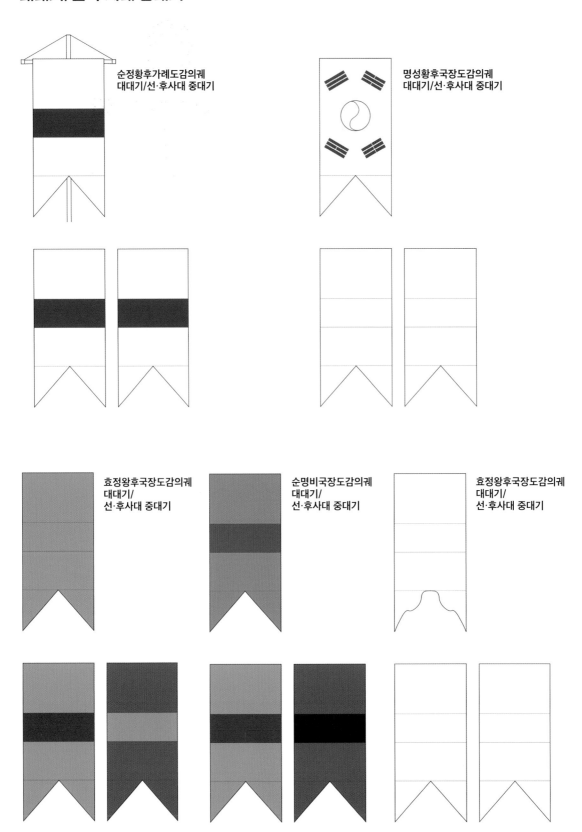

순정황후가례도감의궤
대대기/선·후사대 중대기

명성황후국장도감의궤
대대기/선·후사대 중대기

효정왕후국장도감의궤
대대기/
선·후사대 중대기

순명비국장도감의궤
대대기/
선·후사대 중대기

효정왕후국장도감의궤
대대기/
선·후사대 중대기

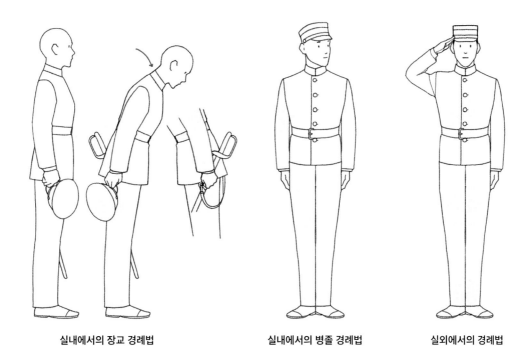

실내에서의 장교 경례법   실내에서의 병졸 경례법   실외에서의 경례법

칼을 뽑았을 때의 군도 경례법

고수 경례법   나팔수 경례법

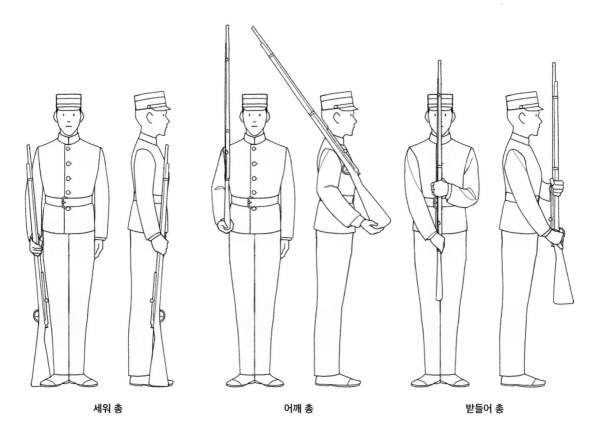

세워 총   어깨 총   받들어 총

군기의 드는 법 및 경례법

군도 휴대법   군도를 휴대한 채 행진법

승마 상태의 군도 휴대법

승마 상태의 나팔수 경례법

휴창

입창

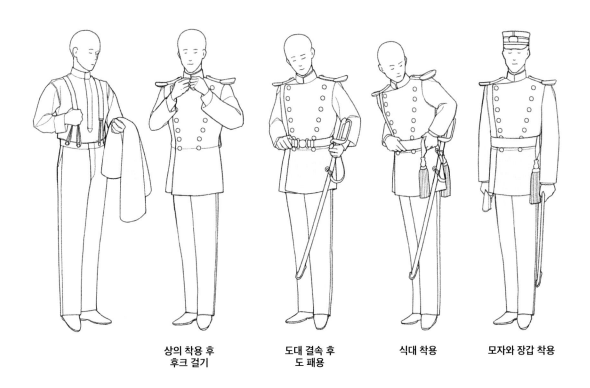

상의 착용 후
후크 걸기

도대 결속 후
도 패용

식대 착용

모자와 장갑 착용

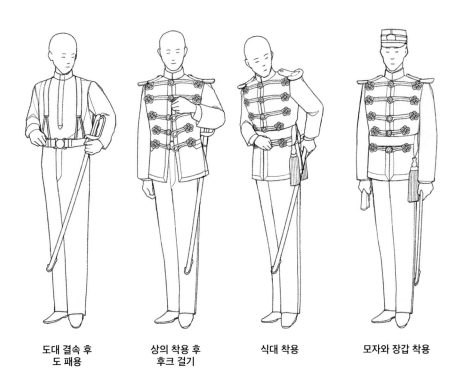

도대 결속 후
도 패용

상의 착용 후
후크 걸기

식대 착용

모자와 장갑 착용

무관관등표

구분	관등	품계	계급	위생부			경리부	군악부	비고
원수			대원수 Generalissimo						황제
원수			원수 Marshal						황태자
장관	칙임1등 (1906.05 친임)	1품	대장 General						원수부 부원수 / 시종무관부 무관장
장관	칙임2등 (칙임1등)	정2품	부장 Lieutenant General						헌병대 사령관 / 호위대총관 / 시종무관부 무관장 / 동궁배종무관부 무관장
장관	칙임3등 (칙임2등)	종2품	참장 Major General	군의 총제			감독장 (1904.09 사계감)		원수부 각 국 총장 / 육군 법원장 / 임시혼성여단장 / 육군무관학교장 / 동궁배종무관부 무관장
장관	칙임4등 (칙임2등)	종2품	참장 Major General						
영관	주임1등	3품	정령 Colonel	1등군의장			1등감독 (1등사계)		연대장 / 군부 각 국 국장
영관	주임2등	3품	부령 Lieutenant Colonel	2등군의장			2등감독 (2등사계)		연대장 / 군부 각 국 국장
영관	주임3등	3품	참령 Major Colonel	3등군의장	수의장		3등감독 (3등사계)		대대장
위관	주임4등	3품	정위 Captain	1등군의	1등수의	1등약제관	1등군사	1등군악장	중대장 / 사령부 및 연대급 부대 부관 / 친왕부 무관
위관	주임5등	정5품	부위 1st Lieutenant	2등군의	2등수의	2등약제관	2등군사	2등군악장	소대장 / 대대부관 / 무기주관
위관	주임6등	정6품	참위 2nd Lieutenant	3등군의	3등수의	3등약제관	3등군사	3등군악장	소대장 / 연대기관
준사관	판임	품계 외	특무정교 Sergeant Major					군악장보	
하사관	판임	품계 외	정교 Sergeant First Class	군의보	수의보	1등조호장	1등계수	1등군악수	중대 서기
하사관	판임	품계 외	부교 Staff Sergeant			2등조호장	2등계수		분대장
하사관	판임	품계 외	참교 Sergeant			3등조호장	3등계수		분대장
병			상등병 Corporal					2등군악수	
병			일등병 1st Private			조호수		악수 악공	
병			이등병 2nd Private						

제공장의 종류 - 안공鞍工 / 제철공蹄鐵工 / 화공靴工 / 단공鍛工 / 목공木工 / 봉공縫工

사료

『고종실록高宗實錄』

『관보官報』

『의주議奏』

『주본奏本』

『궁내부래문宮內府來文』

『각사등록各司謄錄』

『법규유편法規類編』

『구한국훈장도舊韓國勳章圖』

『보병사격교범步兵射擊教範』

『법령전서法令全書』

『관보官報』, 일본대장성日本大藏省

단행본

조우현 외, 『한국경찰복제사』, 경찰청, 2015

김순규 외, 『한국의 군복식발달사1 - 고대~독립운동기』, 국방군사연구소, 1997

김정자, 『한국군복의 변천사 연구: 전투복을 중심으로』, 민속원, 1998

육군사관학교 한국군사연구실, 『한국군제사: 근세조선후기편』, 육군본부, 1977

육군복제사편집위원회, 『육군복제사』, 육군본부, 1980

이강칠, 『대한제국시대 훈장제도』, 백산출판사, 1999

최석로, 『민족의 사진첩 III:민족의 전통』, 서문당, 1994

심헌용, 『러일전쟁과 한반도』, 국방부 군사편찬연구소, 2004

Ian Heath, 『Japan and Korea(Armies of the Nineteenth Century: Asia)』, Foundry Books, 2011

中西立太, 『日本の軍装(1841~1929)幕末から日露戦争』, 大日本絵画, 2001

徐平主編, 『中国百年军服』, 金城出版社, 2005

도록 및 보고서

국립고궁박물관, 『왕실문화도감 - 조선왕실복식』, 2012

육군박물관, 『육군박물관근현대대표유물Ⅰ』, 도서출판 박문사, 2017

육군박물관, 『육군박물관 소장 군사복식』, 2012

육군박물관, 『육군박물관 소장품 도록』, 2011

육군박물관, 『강군의 염원, 대한제국군(軍)을 다시보다』, 2021

문화재청 덕수궁관리소, 『대한제국 황제복식』, 2018

한국자수박물관, 『대한제국시대 문물전』, 1991

경기여고 경운박물관, 『조선의 군사복식 - 구국의 얼을 담다』, 2020

한국자수박물관출판부, 『大韓帝國時代文物展』, 1991

연구논문

김정민, 「육군복장규칙과 대한제국 군복 예복을 중심으로」, 『육군박물관 소장 군사복식』, 육군박물관, 2012, p.206-212.

이경미, 「사진에 나타난 대한제국기 황제의 군복형 양복에 대한 연구」, 『한국문화』 50, 규장각 한국학연구소, 2010.6, p.83-104.

이경미, 「대한제국기 외국공사 접견례의 복식 고증에 관한 연구」, 『한국문화』 56, 규장각 한국학연구소, 2011.12, p.139-183.

이경미, 노무라미찌요, 이지수, 김민지, 「대한제국기 육군 복장 법령의 시기별 변화」, 『한국문화』 83, 규장각 한국학연구소, 2018, p.475-513

이경미, 노무라미찌요, 이지수, 이민정, 「대한제국 1901년 군악대 복식 재현을 위한 고증과 디자인 연구」, 『복식』 68, 한국복식학회, 2018, p.128-142

이경미, 이지수, 「석주선기념박물관 소장 대한제국기 육군 부위(副尉) 오경근(吳景根) 유물 연구」, 『한국복식』 40, 단국대학교 석주선기념박물관, 2018, p.5-28

이지수, 이경미, 「개항 이후 대한제국기까지 육군 복식의 상징 문양에 대한 연구」, 『복식』 70, 한국복식학회, 2020, p.1-19

김민지, 이경미, 「영친왕의 육군 복식에 관한 연구」, 『복식』 68, 한국복식학회, 2018, p.21~39

이경미, 노무라미찌요, 이지수, 「대한제국기 황궁수위병 복식 고증과 디자인 연구 -1897년 육군장졸복장제식(陸軍將卒服裝制式)을 기준으로-」, 『한복문화』 24, 한복문화학회, 2021, p.141-164

이미나, 「대한제국시대 육군장병 복장제식과 대원수 예·상복에 대하여」, 『학예지』 4, 육군사관학교 육군박물관, 1995, p.5-28

김정민, 「구한말 경찰복 연구」, 이화여자대학교 대학원 석사학위논문, 2011

목수현, 「망국과 國家 表象의 의미 변화 : 태극기, 오얏꽃, 무궁화를 중심으로」, 『한국문화』 53, 규장각 한국학연구소, 2011, p.153-174

박현정, 「대한제국기 오얏꽃문양 연구」, 서울대학교 대학원 석사학위논문, 2002

신효승, 「한말 군제 정비와 육군의 복장규칙 변화」, 『숭실사학』 45, 숭실사학회, 2020. p.127-152

노무라미찌요, 이지수, 이경미, 「대한제국기 군복의 병과별 색상 연구」, 『한국복식』 49, 단국대학교 석주선기념박물관, 2023. p.87-107

이지수, 노무라미찌요, 이경미, 「대한제국기 대원수 상복(常服) 고증에 대한 연구」, 『한국문화』 99, 서울대학교 규장각한국학연구원, 2022. p.285-326